Frank Schneider

Tauchreiseführer

Thailand

KOSMOS

Inhalt

Vorwort

Die europäische Seele lechzt nach exotischen Eindrücken, und das Königreich Thailand mit all seinen Facetten vermag viele solcher Sehnsüchte zu erfüllen. Der vermeintlich allzu hektischen Welt zu Hause steht im fernen Asien eine scheinbar immer entspannte und friedliche Atmosphäre gegenüber.

Auch als das vermeintliche Paradies von der Tsunami-Katastrophe im Dezember 2004 getroffen wurde, haben die Menschen ihre Kraft und Zuversicht nicht verloren. Man wird das Unglück und seine Folgen zwar nie vergessen, aber heute ist Südthailand längst wieder dasselbe attraktive Reiseziel wie zuvor. Es bietet eine großartige Natur sowohl an Land als auch unter Wasser, freundlich lächelnde Menschen, die ihren König lieben und verehren, geheimnisvolle Klöster – und nicht zuletzt die charakteristischen kulinarischen Genüsse: Thailand ist so vielfältig wie die Gründe, es zu besuchen.

Taucher sind in der glücklichen Lage, auch die Schönheiten unter dem Meeresspiegel zu erkunden, und unvergessliche Eindrücke warten auf sie. Denn vor den Küsten Thailands liegen einige der besten Tauchreviere im südostasiatischen Raum.

Dieses Buch stellt Ihnen die besten Tauchplätze dieses Ferienparadieses vor, will aber bei aller Begeisterung für die Herrlichkeiten der Unterwasserwelt auch den Blick öffnen für die eine oder andere Sehenswürdigkeit an Land – und deren hat Thailand außerordentlich viele zu bieten.

Ein Buch wie dieses ist ohne professionelle Hilfe und viel persönliche Unterstützung nicht zu machen. Mein besonderes Dankeschön geht daher an

Holger Schwab und Georg Knoblauch (Sea Bees), Ernst und Meauw Schläpfer (IQ-Dive), Jürgen Schenker und Benno Brandon (Dive Asia), Wolly Woerner (Sub Aqua Diving Center Khao Lak), Christian Mietz (Koh Lanta Diving Center), Bettina Krämer (Thailändisches Fremdenverkehrsamt Frankfurt TAT) und nicht zuletzt an Pierre de la Motte (LTU).

Und nun viel Spaß beim Lesen und beim Tauchen in Thailand!

Frank Schneider

Tauchen und Reisen in Thailand

Thailand auf einen Blick

Bei dem Wort »Hinterindien« denkt man zunächst gewiss nicht an Thailand – aber geografisch betrachtet liegt genau dort das Königreich seiner Majestät Rama IX. Bekannter ist der seit 1946 regierende König unter dem ersten Teil seines Namens Bhumibol Aduljadeh. Man findet seinen Namen in verschiedenen Schreibweisen wie Bumiphol, Phumiphol usw. Das hängt mit dem thailändischen Alphabet zusammen. Dabei handelt es sich um eine Lautschrift, die sich kaum nach festen Regeln in unser Alphabet übertragen lässt. So wird auch das Thai-Wort für »Insel« manchmal Koh (mit h) oder Ko (ohne h) geschrieben.

Bis 1939 hieß das Land Siam, und die Schriftstellerin Margret Landon setzte ihm 1944 mit dem Roman »Anna and the King of Siam« ein literarisches Denkmal. Das Buch entstand nach den Erinnerungen der Engländerin Anne Leonowens, die als Erzieherin am Hof Ramas IV. wirkte. Kultstatus erlangte Siam 1956 mit der Oscar-prämierten Verfilmung der Geschichte mit Deborah Kerr und Yul Brunner.

Weltoffene Könige

In der Tat erkannte jener Rama IV. die Bedeutung künftiger politischer und vor allem wirtschaftlicher Beziehungen mit der westlichen Welt und beendete die kulturelle Isolation Siams. Er hatte, während sein Bruder regierte, dem er auf den Thron folgte, als buddhistischer Mönch die englische Sprache gelernt und Französisch, Latein und Medizin studiert – war also ein weltoffener Mensch. Als König führte er den Englischunterricht an den Schulen ein und machte sogar das »Händeschütteln« zur Begrüßung in Thailand gesellschaftsfähig. Sein Nachfahre König Bhumibol wird von seinem Volk ebenfalls verehrt und geliebt. Der Respekt gegenüber dem Königshaus ist in Thailand tief verankert. So sollte man sich zum Beispiel hüten, versehentlich oder absichtlich auf einen Geldschein zu treten. Das ist bei Strafe verboten, weil auf den Baht-Scheinen ein Bild des Königs ist.

Geschichte

Der moderne Name Thailand gründet sich auf das Volk der Thais, die ungefähr ab dem Jahr 1000 n. Chr. zunehmend in das bereits zwei Jahrtausende bestehende Reich der Mon- und Khmer-

Info

Nur noch einer wird in Thailand so verehrt wie der König: der Religionsstifter Siddharta, der Begründer des Buddhismus. 94 Prozent der Thais sind Buddhisten, ein verschwindend geringer Teil Christen, daneben gibt es wenige Hindus und Muslime. Buddha jedoch ist in Thailand allgegenwärtig. Jedes kleine Örtchen hat seine Tempelanlage. Je größer die Stadt, desto prächtiger sind die Tempel. Weihrauchschwaden durchziehen die Gebäude, und wenn man den Mönchen beim meditativen Betgesang zuhören kann, ist sie beinahe spürbar: die entrückende, faszinierende Exotik des alten Siam.

Linke Seite Buddhastatuen sind in Thailand allgegenwärtig.

Kurzinformation

Impfungen: *Nicht vorgeschrieben; empfohlen: Tetanus, Hepatitis, Polio*
Ärztl. Versorgung: *Auf Phuket sind Kliniken auf europäischem Niveau. Auf der Insel Koh Lanta gibt es ärztliche Versorgung mit europäischem Standard und eine kleine Notfallkinik.*
Währung: *Baht (circa 45 Baht = 1 Euro)*
Bargeld: *In den Urlauberorten und in Bangkok bekommt man mit der EC-Karte Geld am Automaten.*
Essen und Trinken: *Kleine Garküchen oder mobile Motorradküchen sind die preiswertesten Lösungen. Selbst in Urlaubszentren wie Khao Lak bekommt man in kleinen einheimischen Restaurants für umgerechnet weniger als fünf Euro eine komplette Mahlzeit mit Getränken; das Essen in den Hotels ist dagegen meist überteuert.*

Sicherheitshinweis

Schnelle Motorroller sind überall zu mieten. Jedes Jahr verunglücken jedoch etliche Touristen tödlich, weil sie keinen Helm tragen oder alkoholisiert fahren. Die Verkehrsverhältnisse sind in Thailand allerdings nicht nur für ungeübte Biker alles andere als harmlos einzustufen.

Staaten einwanderten. Zwar zerstörten die Burmanen 1767 die damalige Hauptstadt Ayutthaya, aber Siam wusste sich gegen die Angriffe letztendlich zu behaupten. Dank des diplomatischen Geschicks des bereits erwähnten Königs Rama IV. wurde Thailand auch während der Epoche des europäischen Imperialismus nie kolonisiert. Nach den in anderen Ländern so beliebten Relikten des europäischen Kolonialstils sucht man in Thailand vergebens.

Seit dem Militärputsch von 1938 und der Umbenennung von Siam in Thailand durch den Marschall Pibul Songgram 1939 hat das Land bis in die 90er-Jahre immer wieder politische Wechselbäder durchlaufen. Nach Militärdiktaturen mit zeitweiligen demokratischen Phasen gilt Thailand trotz des neuerlichen Putsches 2006

Der König und das Königshaus genießen die uneingeschränkte Liebe und Verehrung der Thais.

mit für Herbst 2007 angekündigten Neuwahlen als politisch stabil und wird als konstitutionelle Monarchie angesehen.

Schwellenland

Heute zählt Thailand zu den »Schwellenländern«: Es ist nicht mehr »Dritte Welt«, aber auch noch nicht auf dem wirtschaftlichen Niveau der Industriestaaten angekommen. Ob es daran liegt, dass in Thailand augenzwinkernd behauptet wird, hier sei noch nie etwas erfunden worden? Dagegen floriert die Produktpiraterie. Vielfach werden mehr oder weniger gute Kopien hochpreisiger Markenprodukte angeboten. Touristen sollten sich vor solchen Fälschungen hüten und bedenken, dass eine gefälschte Gucci-Brille oder Rolex beim Zoll zu Hause sofort einbehalten werden kann. Geld gibt es dann natürlich auch keins zurück – im Gegenteil drohen auch noch empfindliche Geldstrafen.

Anreise

Thailand ist heute leicht und bequem zu erreichen. In rund elf Stunden fliegt etwa die LTU mit modernen Reisejets von allen großen deutschen Flughäfen nach Phuket oder Bangkok. Wie immer gestalten sich die Preise dabei oft nach Saisonzeiten. Informationen zu Abflughäfen, Zielen und Preisen im Internet unter *www.ltu.de.*

Für die Einreise wird ein Reisepass benötigt, bei der Ausreise müssen 500 Baht in Landeswährung bezahlt werden, bei einigen Fluggesellschaften wie der LTU ist das im Flugpreis bereits enthalten.

Vorsicht mit Drogen!

Wer mit Drogen angetroffen wird, muss mit dem Äußersten rechnen und braucht nicht auf Milde zu hoffen. Es drohen langjährige Gefängnisstrafen und bei schweren Verstößen wie Drogenhandel sogar die Todesstrafe.

Der Tsunami

Seit dem 26. Dezember 2004 wird kein Buch über Thailand diesen Tag ignorieren können, an dem bei einer der schwersten Naturkatastrophen der jüngeren Menschheitsgeschichte allein in Thailand rund 5400 Menschen ums Leben kamen. Der Auslöser war ein Seebeben vor Sumatra, das – wie es später in einem Artikel des Magazins *Science* zu lesen war – eine Wasserbewegung erzeugte, die rund um den Globus wanderte und sogar die Antarktis erreichte. In Khao Lak und im Nachbarort Bang Niang traf die Welle um 10.33 Uhr auf den Strand.

»Ich hörte Lärm, ging vor die Tür und sah Menschen vom Strand wegrennen. Bevor ich groß reagieren konnte, war das Wasser da«, erinnert sich Ernst Schläpfer. Der Schweizer hatte einen Tag zuvor in Bang Niang seine kleine Bungalowanlage keine hundert Meter vom Meer entfernt eröffnet. »Ich rettete mich irgendwie auf das Dach eines des Bungalows und hoffte, dass meine Frau und die zwei Kinder irgendwie aus dem Haus gekommen waren. Plötzlich brachen die Bungalows zusammen, auch der, auf dem ich rittlings gesessen hatte. Die Strömung spülte mich zum Glück in den Baum dahinter. Von dort konnte ich zwei kleine schwedische Jungen aus dem Wasser ziehen und auf Äste hieven, aber bald trieben viele Menschen regungslos an uns vorbei oder hatten nicht die Kraft, sich an den Bäumen festzuhalten, und ertranken vor unseren Augen.«

Schläpfer rettete sich vom Bungalow, von dem nur das Bad stehen blieb, in die dahinterstehende Palme.

Diese Ruinen sollen als Denkmal erhalten bleiben.

Später können sich Schläpfer und sein Sohn durch Schlamm und Schutt zur Hauptstraße durchschlagen und kommen bei seinem Freund Wolly Woerner in dessen Haus unter.

Zerstörung einen Kilometer vom Strand entfernt

Woerner war im ersten Stock vom Lärm der Welle geweckt worden und geht gerade auf den Balkon, als das Wasser Trümmer, Bäume und ein Patrouillenboot der Polizei rund 50 m von ihm entfernt über die Straße und weiter bis zum Waldrand dahinter wuchtet. Als Woerner ins Erdgeschoss hinabsteigt, ist es von Trümmerteilen verwüstet und teilweise steht der Schlamm meterhoch bis fast unter die Zimmerdecke. »Ich möchte nicht wissen, was geschehen wäre, wenn wir unser Schlafzimmer unten gehabt hätten«, sagt er. Während die zweite Welle heranrollt, nimmt er seine Kamera und macht vom Balkon aus dramatische Bilder. Einen Tag später zieht Woerner für die Zeit der Bergungs- und Aufräumarbeiten in Bang Niang in den noch nicht fertigen Neubau seines Hauses in den Hügeln im Hinterland und nimmt seinen Freund Ernst Schläpfer und seinen Jungen mit.

Rettung in die Bäume

Der aus Nordthailand stammende Wichai hat sein Restaurant Takiang gleich neben Woerners Haus. »Als ich hinten in einem der Wohnräume war, schrie mein Bruder: ›Wichai, das Wasser kommt!‹ Es klingt absurd – aber ich rief ihm zu: ›Dann stell es ab!‹, denn

Info

Ein Jahr nach dem Tsunami findet Schläpfer in den Grundmauern seines Hauses im getrockneten Schlamm seinen Tauchcomputer. Er schickt ihn an den Hersteller und lässt ihn per Computer auslesen. Die Daten sind eindeutig. Am 26. 12. 2004 verzeichnet das Gerät ab 10.33 Uhr einen Tauchgang. Dauer: 27 Minuten, Tiefe maximal: 5 m, Durchschnittstiefe: 3,1 m. Der Boden des ehemaligen Hauses liegt rund 5 bis 6 m über dem normalen Meeresspiegel.

schließlich sind wir einen Kilometer vom Meer entfernt. Da kam er zu mir und sagte nur ›Wir müssen rennen – das Meer kommt.‹«
Darüber hinaus erinnert sich Wichai nur noch daran, dass er hinausgerannt ist und – wie viele andere – gerade noch irgendwie auf einen der Bäume klettern konnte. Auch sein Bruder konnte sich retten. Wie von vielen Häusern und Bungalows, die vom Tsunami erfasst wurden, blieb nur die Bodenplatte aus Beton übrig.
Zwei Tage danach trifft Ernst Schläpfer seine Frau und die Nichte, die bei ihnen lebt. Beide sind dem Inferno mit viel Glück entkommen. So hadert der Schweizer auch nicht mit dem Schicksal. »Es mag seltsam klingen, aber wir waren glücklich«, sagt er nachdenklich. »Unsere Familie hat überlebt. Sogar meine Schwiegermutter, die nicht einmal schwimmen kann, hat sich in einen Baum retten können. Viele andere haben es nicht geschafft. Wir haben so viele Tote gesehen, darunter Nachbarn und Freunde. Wenn man so etwas überlebt, ist es vollkommen unwichtig, dass man all sein Hab und Gut verloren hat. Alle, die direkt betroffen waren und überlebt haben, sind durch die Hölle gegangen.«

Linke Seite und oben
Der Tsunami wütete mit unfassbarer Gewalt. (Fotos: W. Woerner)

Chalong im Glück

»So seltsam sich das anhört, im Südosten Phukets in Chalong hat man zunächst einmal gar nichts mitbekommen«, berichtet Holger Schwab über die Lage auf der Insel Phuket. »Sogar in Chalong an der Mole ist verhältnismäßig wenig passiert. Wie sehr die Westküste Phukets, also Kata Beach, Karon, Patong und vor allem die Küstenabschnitte nördlich davon – oder gar Khao Lak – getroffen war, haben wir erst nach und nach erfahren. Zuerst haben sich hier alle nur gewundert, dass sämtliche Krankenwagen mit Blaulicht unterwegs waren.«
Genauso ging es Jürgen Schenker und Benno Brandon von Dive Asia. »Wir haben Glück gehabt, haben uns aber umso mehr um Familie, Freunde und Bekannte gesorgt«, so der gebürtige Kölner Schenker, der mit einer Thailänderin verheiratet ist und einen Sohn hat. »In den Unglücksorten funktionierte ja zunächst nichts mehr. Aber auch für diejenigen, die am Anfang nichts mitbekommen haben, ging das Leben nicht einfach weiter, als ob nichts gewesen wäre. Niemand konnte sich dem, was geschehen war,

einfach entziehen. Jeder hat Freunde, Kollegen oder Mitarbeiter, deren Familien direkt betroffen waren.«

Neuanfang

Wer heute in die Region Khao Lak fährt, wird kaum noch offensichtliche Spuren des Tsunami sehen. Die wohl markanteste Ausnahme stellt eben jenes Patrouillenboot dar, das zum Schutz des Enkels des thailändischen Königs vor der Küste stationiert war. Auch dieser junge Mann hat das Unglück nicht überlebt. Das Boot aber wurde zum Denkmal erklärt und zeigt nun so weit weg vom Meer, welche Urgewalt über die Menschen hereingebrochen ist.

Im Fischerdorf Baan Nam Kem ist Ähnliches zu sehen. Dort stehen zwei riesige Fischkutter mitten im Zentrum des Ortes. Beide sind unmittelbar vor einer Hauswand zum Stehen gekommen.

Der Staat und das Ausland haben schnell Hilfsaktionen gestartet – in den darauffolgenden Tagen wurden etwa die wichtigsten Straßen passierbar gemacht, die Bevölkerung mit Trinkwasser und Lebensmitteln versorgt und auch die Stromversorgung wiederhergestellt.

Das Patrouillenboot der thailändischen Polizei wurde in Bang Niang 1 km weit ins Landesinnere gespült.

Die Einheimischen in der Region leben fast ausschließlich vom Tourismus. Umso verständlicher ihr Zorn auf große Reiseveranstalter, die ihre Kunden mit Unwahrheiten wie »In Khao Lak steht kein einziges Hotel mehr – fahren Sie doch lieber woanders hin!« fernhalten wollten.

»Viele Stammgäste sind trotzdem schon in der Saison 2005 nach Phuket und Khao Lak gekommen«, erklärt Holger Schwab. »Nicht aus Sensationslust, sondern weil sie ganz pragmatisch helfen wollten und man hier nur auf diese Weise Leute wieder in Lohn und Brot bringen kann.«

Befürchtungen, große Konzerne könnten sich in Khao Lak oder Bang Niang mit Hotelburgen breitmachen und den ursprünglichen Charakter zerstören, haben sich zum Glück nicht bewahrheitet, ebenso wenig die Annahme, dass die thailändischen Hotelangestellten aus Furcht vor bösen Geistern nicht mehr hierher zurückkehren würden.

Glücklicherweise – vor allem für die Menschen vor Ort – haben sich die Region Khao Lak und die Insel Phuket längst wieder als Reiseziele etabliert.

In Baan Nam Kem stehen Schiffe mitten im Ort – Hunderte Meter vom Meer entfernt.

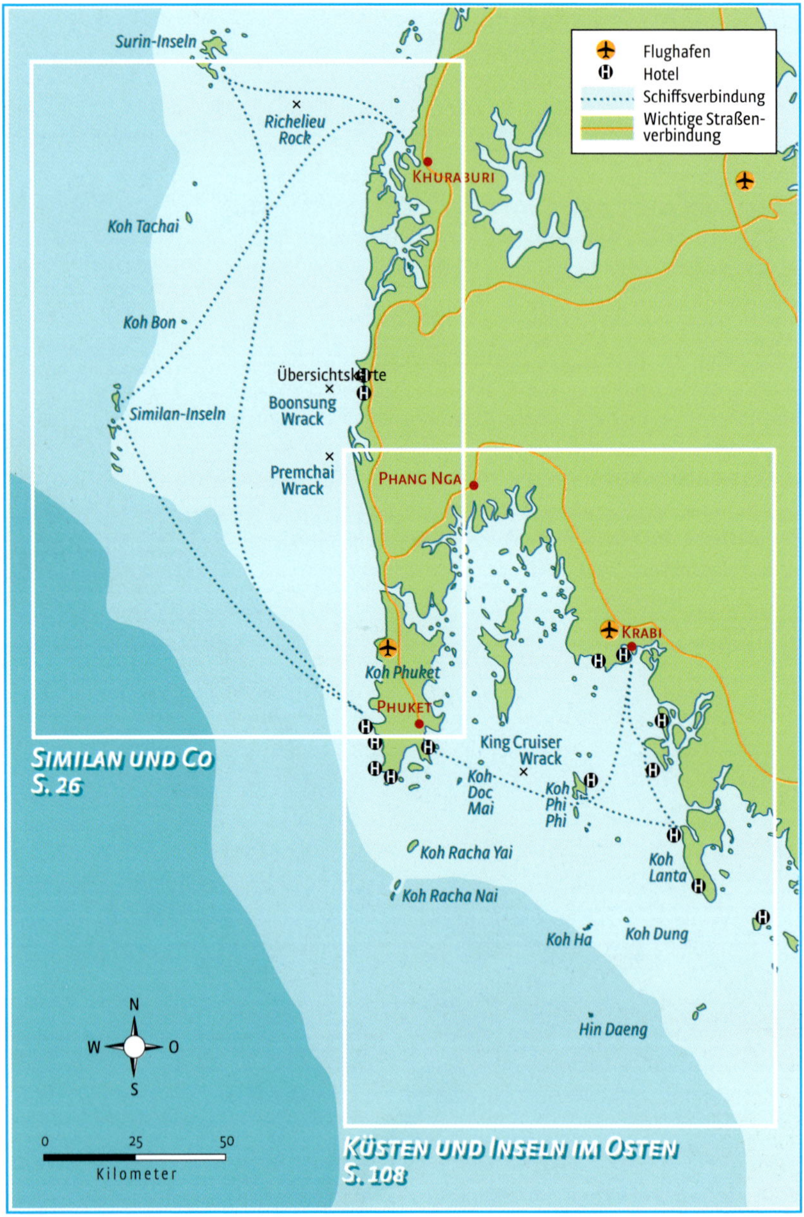

Flughafen
Hotel
Schiffsverbindung
Wichtige Straßenverbindung
Surin-Inseln
Richelieu Rock
Khuraburi
Koh Tachai
Koh Bon
Übersichtskarte
Boonsung Wrack
Similan-Inseln
Premchai Wrack
Phang Nga
Krabi
Koh Phuket
Phuket
King Cruiser Wrack
Koh Doc Mai
Koh Phi Phi
Koh Racha Yai
Koh Racha Nai
Koh Lanta
Koh Ha
Koh Dung
Hin Daeng
N
W
O
S
0
25
50
Kilometer
Similan und Co S. 26
Küsten und Inseln im Osten S. 108

Tauchen in Thailand

Thailand hat zahlreiche Tauchgebiete sowohl für Anfänger als auch für erfahrene Taucher. Ihre Mischung aus Korallen- und bewachsenen Felsenriffen verspricht immer wieder attraktive Taucherlebnisse, vor allem, wenn man bedenkt, dass so manches Revier – wie etwa Richelieu Rock, Shark Point oder Hin Daeng – wegen seines Fischreichtums zu den besten Tauchplätzen des gesamten asiatischen Raumes gezählt wird.

Tauchurlaub an Land und Kreuzfahrten

Grundsätzlich bieten sich in Thailand die Möglichkeiten zu landgestützten Tauchurlauben – also mit Wohnen im Hotel – und zu einer mehrtägigen Tauchkreuzfahrt. In Tap Lamu, dem Hafen bei Khao Lak, laufen Kreuzfahrtschiffe zu den Similans und den drei nördlicher gelegenen Tauchrevieren sowie nach Surin Island aus. Vom Chalong auf Phuket führen Mehrtagesfahrten zu den südlichen Plätzen wie Hin Daeng und in Richtung der Similans.

Khao Lak und Phuket

Taucher, denen eine Woche auf dem Schiff zu viel ist, können von Khao Lak in Tagestouren zu den Similan-Inseln und den drei nördlich gelegenen Plätzen Richelieu Rock, Koh Tachai und Koh Bon fahren. Die Tauchbasen in Khao Lak steuern außerdem die Wracks zweier untergegangener Baggerplattformen an. Die ehemaligen Zinnbagger werden als »Boonsung-Wrack« und »Premchai-Wrack« geführt und liegen in Küstennähe. In und

Sicherheitshinweis

Für die Tauchplätze Richelieu Rock, Koh Tachai, Koh Bon, Hin Daeng und Hin Muang sollte eine gewisse Mindesterfahrung vorhanden sein. So muss ein Taucher an diesen Plätzen nicht nur selbstständig perfekt tarieren können, sondern auch mit auftretenden Strömungen zurechtkommen und sich unter Wasser orientieren können. Man beachte die Tauchplatzkarten!

Ein besonderes Tauchkreuzfahrtschiff ist die Dschunke *June Hong Chian Lee (www.thejunk.com).*

Tipp

In der Übersicht der jeweiligen Tauchplatzbeschreibungen gibt es einen Punkt »Erreichbarkeit«, der Auskunft über die Anfahrtszeiten gibt.

Rechte Seite Harlekin-Geisterpfeifenfisch – das Männchen ist deutlich kleiner als das Weibchen.

um Khao Lak gestaltet sich der Urlaub an Land ruhiger als in den Touristenzentren von Phuket wie Patong & Co. Auf der Insel Phuket bietet aber Chalong mit einigen kleinen Resorts, die sich auf Taucher spezialisiert haben und einer Basis angeschlossen sind, ebenfalls ein sehr ruhiges Ambiente. Die Tauchbasen auf Phuket haben ihre Reviere fast alle östlich und südöstlich von Chalong. Plätze wie das Anemone Reef oder Shark Point gehören zu den besten thailändischen Tauchrevieren und sind von Chalong aus am besten zu erreichen, ebenso wie das Wrack der *King Cruiser*. Andere Tagestouren führen von Chalong zu weiteren Top-Tauchplätzen in der Phang Nga Bay.

Krabi/Ao Nong und Koh Lanta

Die Riffe um die rund zwölf Inseln vor der Urlauberhochburg Ao Nong werden mit Longtail-Booten angesteuert, viele davon per Halbtagestour. Dabei handelt es sich mehrheitlich um einfache Tauchplätze, die vor allem Anfänger oder Gelegenheitstaucher ansprechen. Tauchreviere vor Phi Phi Island, das Wrack der *King Cruiser* oder Plätze wie das Anemone Reef und der Shark Point sind von hier aus weit entfernt und werden mit Schnellbooten angefahren. Koh Lanta liegt etwa 70 km südlich von Krabi an der Ostseite der Phang Nga Bay. Die meisten Tauchbasen haben ihr Domizil in Saladan im Norden der Insel. Nach Hin Daeng und Hin Muang kommt man von hier in Tagestouren mit großen bequemen Tauchschiffen in knapp drei Stunden.

- *Wer auf Phuket in kleinen ruhigen Resorts wohnen möchte, ist als Taucher am besten in Chalong aufgehoben. Wenn auch das Nachtleben eine Rolle spielen soll, empfehlen sich die Ferienorte an Phukets Westküste oder Ao Nong in der Nähe von Krabi.*
- *In Khao Lak gibt es Hotels verschiedener Kategorien und Größe, kilometerlange Strände – aber kein Nachtprogramm: Ab 23 Uhr fällt der Ort in Tiefschlaf.*
- *Ao Nong bei Krabi hat sich zu einem lebhaften Ferienort entwickelt. Hier gibt es einige Nobelherbergen, aber auch preiswerte »Bed & Breakfast«-Angebote.*
- *Der Tourismus auf Koh Lanta steckt immer noch in den Kinderschuhen. Natürlich bieten die Hotels und Resorts der verschiedenen Klassen und Preiskategorien alle Annehmlichkeiten, die dazugehören. An der Westseite der Insel gibt es lange Strände. Ein Nachtleben wie in anderen Orten Thailands sucht man jedoch vergebens.*
- *Fast alle Tauchbasen bieten ihren Gästen einen Hol- und Bringservice zum Hotel an.*
- *Wenn erst vor Ort eine Tauchbasis gesucht wird, darauf achten, dass sie einer anerkannten Tauchsportorganisation angehört (zum Beispiel CMAS, Barakuda, PADI, usw.).*

Similan und Co.

Juwel in der Andamanensee

Vor der Westküste Thailands liegt in der Andamanensee die Similan-Inselgruppe genau 61 km westlich vom Ferienort Khao Lak. Von Patong auf der Insel Phuket beträgt die Distanz etwa 100 km in nordwestlicher Richtung. Die Similans sind annähernd in einer Nord-Süd-Achse angeordnet. Die Inseln überbrücken dabei eine Distanz von etwas mehr als 22 km. Ihren geologischen Ursprung haben die Graniteilande im Tertiär; sie sind damit etwa 65 Millionen Jahre alt.

Ihren Namen haben die Similans von malaysischen Seefahrern bekommen. Das Wort Similan ist vom malaysischen Begriff für die Zahl Neun (»sembilan«) abgeleitet. Zwar haben die unterschiedlich großen Inseln heute thailändische Namen, werden aber vor allem von den Tauchlehrern meistens mit ihren Nummern 1 bis 9 bezeichnet. Similan Nummer 1 liegt ganz im Süden, Nummer 9 ist das nördlichste Eiland.

1999 wurden die drei südlichen Inseln für alle touristischen Aktivitäten gesperrt. Ein Grund dafür sind die Laichgebiete von Meeresschildkröten auf Similan Nr. 1, ein anderer ist die Absicht, die Unterwasserwelt vor allen menschlichen Einflüssen zu schützen. Außerhalb der Schutzzone liegt östlich von Insel Nr. 2 mit Boulder City das südlichste Tauchrevier und südöstlich der Insel Nr. 3 der Tauchplatz Sharkfin Reef. Auf der Insel Nr. 4, Koh Miang, befindet sich ein Büro der Parkaufsicht. Außerdem gibt es dort einige Unterkünfte und zwei schöne Strände, die man über einen Fußweg erreicht. Außerdem gibt es auf der Insel Süßwasser und nicht zuletzt besitzt die thailändische Prinzessin hier ein Ferienhaus.

Koh Similan oder Insel Nr. 8 ist mit einer Fläche von rund fünf Quadtratkilometern die größte der Gruppe. Dort liegt der Strand, über dem der als »Donald-Duck-Felsen« berühmte Granitblock thront. Auf Nr. 8 haben die Parkwächter ebenfalls eine Niederlassung, und auch hier gibt es einige wenige Übernachtungsmöglichkeiten. Außer Nr. 4 und Nr. 8 sind die Similan-Inseln unbewohnt.

Info

1982 bestimmten die Behörden das Gebiet um die Similan-Inseln und die Insel Koh Bon zum »Mu Koh Similan National Park« und somit zum 43. Nationalpark Thailands. 1998 wurde die Größe der Schutzzone mit dem Einschluss der weiter nördlich gelegenen Insel Koh Tachai auf rund 140 km² ausgeweitet. Von dieser Gesamtfläche entfallen 15 km² auf die Inseln, der Rest bezieht sich auf geschützte Gewässerzonen. Hier herrscht unter anderem Fangverbot für Fischer.

Hartkorallen an den Ostausläufern

Mit ungefähr 25 verschiedenen Tauchplätzen zählt das Gebiet zu den unumstritten besten Tauchrevieren im gesamten südostasiatischen Raum. Die Tauchplätze rund um die Inseln präsentieren sich generell mit zwei völlig unterschiedlichen Charakteristika.

Linke Seite Federwürmer auf einer Hartkoralle

Der »Donald-Duck-Felsen« auf Insel Nr. 8 ist das Wahrzeichen der Similan-Inseln.

Die Riffe der Ostküsten bestehen vornehmlich aus Hartkorallenriffen. Ihre Riffdächer reichen bis zu 3 m unter die Wasseroberfläche. Von den Kanten fallen sie dann mehr oder weniger steil ab. Die meisten dieser Riffe laufen in einer durchschnittlichen Tiefe von 25 bis 30 m flach im Sandgrund aus.
Im Gegensatz zu den von Hartkorallen gebildeten Riffstrukturen an den Ostseiten bestehen die Tauchplätze an den Nord-, Süd- und Westküsten mehrheitlich aus großen, mit Hart- und Weichkorallen bewachsenen Granitblöcken. Sie sind generell ein bisschen tiefer und auch anspruchsvoller.

Koh Bon, Koh Tachai und Richelieu Rock

Kaum 25 km von Insel Nr. 9 in nordwestliche Richtung befindet sich die Insel Koh Bon mit ihrer kleinen Ankerbucht. Angesichts der doch relativ großen Distanz zur Inselgruppe der heutigen Similans beließen es die malaysischen Taufpaten bei neun statt zehn Inseln: Sie schlossen Koh Bon nicht mit ein. Gleichwohl ist die Insel im modernen Thailand ein Teil des Similan-Nationalparks. Koh Bon ist bei Tauchern nicht nur, aber auch vor allem wegen der guten Chancen auf Begegnungen mit Großfischen sehr beliebt.

Manchmal ist zwischen zwei Tauchgängen auch Zeit für einen Strandbesuch.

Besonders die Aussichten, einen oder gar mehrere Mantas zu sehen, sind hier recht gut.
Schiffe, die von Koh Bon aus ungefähr 28 km nach Norden laufen, erreichen Koh Tachai. Die Insel ist oft stärkeren Strömungen ausgesetzt und zieht daher ebenfalls größere Fische oder Hochseebewohner an.
Noch einmal rund 43 km nordnordöstlich von Koh Tachai liegt der Richelieu Rock. Nur bei Ebbe ragt der Felsen knapp 1 m aus dem Meer. Auch er wird von den Hochseebewohnern regelmäßig aufgesucht.

Auswirkungen des Tsunami auf die Tauchplätze

Der Tsunami zog auch durch die Similan-Inseln. Allerdings legte er hier nicht die gleiche Zerstörungskraft an den Tag wie beim Auftreffen auf die Küste. So kam es um die Inseln herum im Prinzip nur zu einem übermäßigen Ansteigen und Absinken des Wasserspiegels und damit verbundenen ungewöhnlichen und starken Strömungen. Diese haben sich auf die Unterwasserwelt der Tauchplätze je nach Lage der Riffe und Korallen zur Richtung der Welle unterschiedlich stark ausgewirkt.

Info

Die Inseln Koh Tachai und der Richelieu Rock sind die besten Tauchplätze für Begegnungen mit Walhaien.

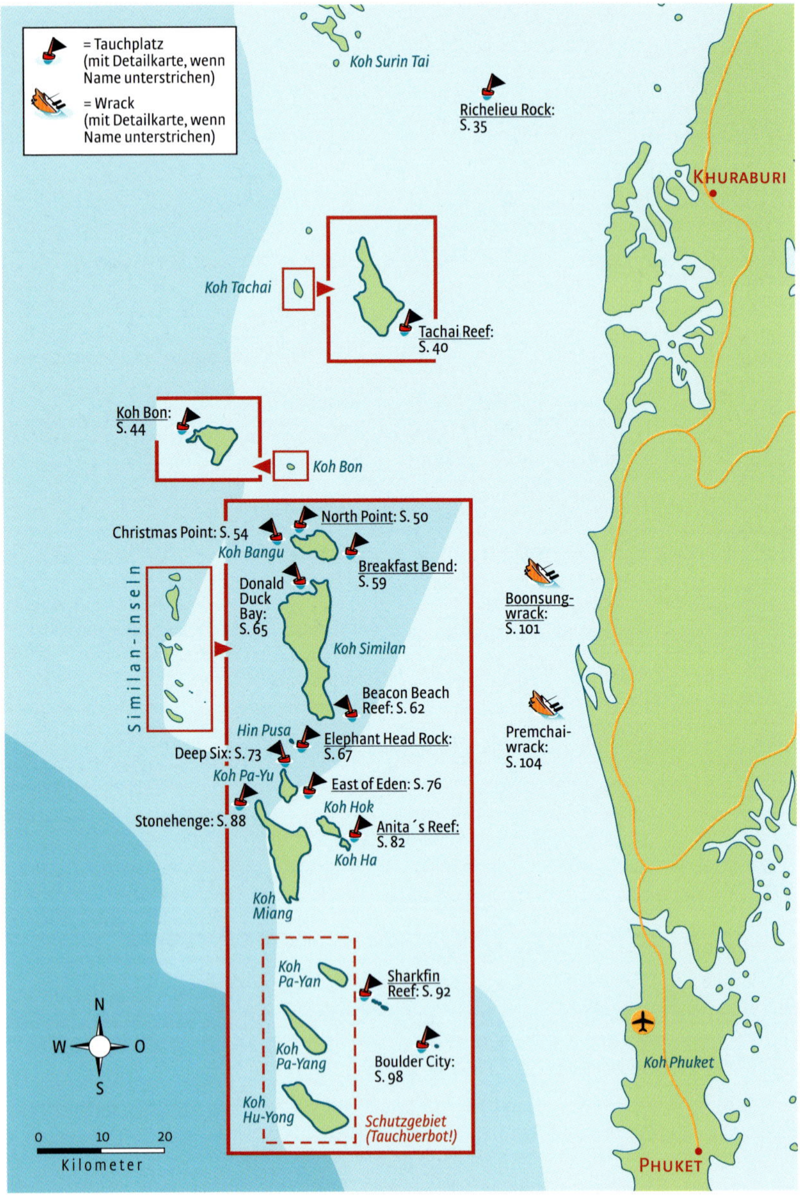
= Tauchplatz
(mit Detailkarte, wenn Name unterstrichen)
= Wrack
(mit Detailkarte, wenn Name unterstrichen)
Koh Surin Tai
Richelieu Rock: S. 35
KHURABURI
Koh Tachai
Tachai Reef: S. 40
Koh Bon: S. 44
Koh Bon
North Point: S. 50
Christmas Point: S. 54
Koh Bangu
Breakfast Bend: S. 59
Donald Duck Bay: S. 65
Similan-Inseln
Koh Similan
Boonsung-wrack: S. 101
Beacon Beach Reef: S. 62
Hin Pusa
Elephant Head Rock: S. 67
Deep Six: S. 73
Premchai-wrack: S. 104
Koh Pa-Yu
East of Eden: S. 76
Koh Hok
Stonehenge: S. 88
Anita´s Reef: S. 82
Koh Ha
Koh Miang
Koh Pa-Yan
Sharkfin Reef: S. 92
N
W
O
S
Koh Pa-Yang
Boulder City: S. 98
Koh Phuket
Koh Hu-Yong
Schutzgebiet (Tauchverbot!)
0 10 20
Kilometer
PHUKET

Während sich an einigen Stellen gar nichts verändert hat, wurden an anderen Stellen vor allem Tisch- und Fächerkorallen in Mitleidenschaft gezogen. Nachdem zum Beispiel abgebrochene Gorgonen an einigen Riffen von Freiwilligen der »For Sea Foundation« *(www.forseafoundation.org)* unter der Führung von Marinebiologen zunächst gesammelt und untersucht wurden, sind etliche Korallen wieder aufgestellt und/oder an geeigneten Stellen fixiert worden.

Im Allgemeinen wurden die Schäden an den Tauchplätzen in den meisten Fällen mit fünf Prozent beziffert, also kleine Beeinträchtigungen. Nur an wenigen Stellen wie zum Beispiel den tiefen Regionen von Deep Six sind wohl deutlich stärkere Schäden entstanden, die mit 50 Prozent im Vergleich zur Unversehrtheit angegeben wurden. Meistens zeigen sich die Spuren im flacheren Wasser, so etwa auch bei East of Eden, der aber nach wie vor zu den Top-Plätzen der Similans zählt.

Mit rund 15 bis 20 Prozent wurden die Spuren des Tsunami am nördlichen Teil von Breakfast Bend und dem North Point definiert. Um Koh Bon, Koh Tachai sowie am Richelieu Rock hatte der Tsunami hingegen offensichtlich keinerlei Schäden verursacht.

Tauchen und Wohnen

Etwa 50 km nördlich der Insel Phuket und rund eine Stunde Autofahrt vom Flughafen entfernt liegt Khao Lak. Der Ferienort und seine Nachbargemeinde Bang Niang teilen sich einen kilometer-

Info

Bei all den Angaben zum Ausmaß der Schäden an den Tauchplätzen sollte man bedenken, dass solche Auswirkungen nach einer nunmehr langen Zeit nach dem Tsunami objektiv teilweise nur noch schwer zu erfassen sind. Sie wurden auch schon unmittelbar nach der Flut von verschiedenen Tauchern teils unterschiedlich bewertet. Generell werden Urlaubstaucher heute unter Wasser kaum noch Auswirkungen des Tsunamis feststellen. Das liegt auch daran, dass sich die Tierwelt an den Similan-Inseln genauso präsentiert wie vor dem Tsunami.

Links Der Garten des *Meridien* strahlt Ruhe aus.
Linke Seite Der Tauchreiseführer Thailand stellt die Tauchplätze um die Similan-Inseln und vor Khao Lak beginnend mit dem Richelieu Rock von Norden nach Süden vor. Die beiden Wracks vor Khao Lak folgen im Anschluss.

Der Sandstrand von Khao Lak

langen weißen Strand. Während in Khao Lak einige Restaurants, wenige Bars und Souvenirshops längs der Straße zu finden sind, geht es in Bang Niang noch beschaulicher zu. In beiden Ortschaften gibt es hübsche Hotels unterschiedlicher Größe und Kategorien und natürlich viele Tauchbasen. Befürchtungen, nach dem Tsunami würden sich Touristikriesen die Gegend »einverleiben«, untereinander aufteilen und mit großen Hotels bestücken, haben sich zum Glück nicht bewahrheitet. Das etwas größere Hotel *Le Meridien* nördlich von Bang Niang existiert schon länger. Touristisch gesehen hat sich Khao Lak auch ein paar Jahre nach dem Tsunami nicht groß verändert. Es ist im Vergleich zu den quirligen Urlauberzentren an der Westküste Phukets oder zu Ao Nong bei Krabi nach wie vor wesentlich gemütlicher, der touristisch noch verschlafeneren Insel Koh Lanta allerdings wiederum voraus.

Start in Tap Lamu

Weit mehr als ein Dutzend Tauchbasen findet man in Khao Lak und Bang Niang. Alle starten ihre Ausfahrten im kleinen Fischerhafen Tap Lamu. Das Dorf liegt circa 12 km südlich von Khao Lak. Hier gibt es einen Anleger, wo sowohl die großen Tauchschiffe als auch die Longtail-Boote für die Wracks ablegen. Die Fahrt von Khao Lak

Alle Tauchbasen starten ihre Ausfahrten in Tap Lamu.

nach Tap Lamu dauert etwa 20 Minuten, von Bang Niang etwa 30 Minuten.
Die meisten Basen in Khao Lak und Bang Niang, so auch die auf diesen Seiten kurz vorgestellten Tauchschulen, haben einen Abhol- und Bringservice von und zu den verschiedenen Hotels der Gegend. Je nachdem, ob vor Ort Ausrüstung ausgeliehen werden soll, empfiehlt sich die Kontaktaufnahme schon vor Reiseantritt. So kann man sicher sein, dass etwa die gewünschte Anzuggröße auch wirklich zu haben ist und dass Tauchlampen oder Unterwasserkameras gemietet werden können.

Tauchbasentipps

IQ-Dive

Der Schweizer Ernst Schläpfer, Chef und Besitzer von IQ-Dive, lebt seit 1988 in Thailand und ist Khao-Lak-Pionier. Seit 1996 ist er hier zu Hause und hat bereits damals, als noch einzige Tauchbasis im Ort, Tagesfahrten zu den Similan-Inseln angeboten. IQ-Dive fährt alle hier im Buch vorgestellten Tauchziele der Region an, einige davon mit einem Schnellboot. Die Basis liegt am südlichen

www.iq-dive.com
iQ
โลมา
4583
00408

Ende von Khao Lak an der Hauptstraße nur drei Gehminuten vom Hotel *Palm Hill Resort* entfernt. IQ-Dive vermittelt auch andere Unterkünfte wie etwa die *Ayara Villas* am Strand in Bang Niang. Ernst Schläpfer und seine Frau Meauw helfen außerdem bei der Planung und Organisation eines Reise-Komplettpakets.
Die Basis bietet Nitrox ohne Aufpreis; Vermittlung von Mehrtagesfahrten, geöffnet ganzjährig außer Juli.
www.iq-dive.com

Sub Aqua Dive Center Khao Lak
Basisleiter Wolly Woerner war zuvor unter anderem elf Jahre auf den Malediven tätig, bevor er im Oktober 2001 die Tauchbasis des Münchner Spezialreiseveranstalters aufgebaut und etabliert hat. Seit ihrer Eröffnung findet man sie am nördlichen Ortsrand von Khao Lak gegenüber dem *Andaburi-Hotel*.
Füllstation und Logistikzentrum der deutschen Tauchschule befinden sich am Hafen von Tap Lamu. Von dort fährt auch das Sub Aqua Dive Center Khao Lak in der Saison täglich zu einem der Top-Tauchplätze der Andamanensee hinaus. Über den Veranstal-

Linke Seite oben Das Schnellboot der IQ-Dive-Tauchbasis
Linle Seite unten Die ansprechend gestaltete Anlage des *Palm Hill Resort*
Unten Schiff des Sub Aqua Dive Center Khao Lak

Sub Aqua Dive Center Khao Lak

Info

Nebensaison:
Es gibt Tauchbasen, die stellen ihren Betrieb außerhalb der Hauptsaison komplett ein, andere halten ein eingeschränktes Angebot aufrecht. Wer in den europäischen Sommermonaten, also in der thailändischen Regenzeit, dennoch zum Tauchen dorthin fahren will, sollte, um sicherzugehen, vorher mit der Tauchbasis Kontakt aufnehmen.
Da die Wetterlage in dieser Zeit aber sehr unbeständig sein kann, ist es durchaus möglich, dass selbst eine Basis mit durchgehendem Betrieb in diesen Fällen zeitweise Ausfahrten absagen muss.

ter Sub Aqua wird neben Unterkünften verschiedener Kategorien auch ein umfassendes Reiseangebot vermittelt. Ein guter Tipp ist der Aufenthalt im *Andaburi-Hotel*.
Nitrox 32 ohne Aufpreis; Mehrtagesfahrten möglich, ganzjährig geöffnet.
www.sub-aqua-khaolak.com

Sea Bees Khao Lak
Vielen Tauchern ist die alteingesessene Tauchbasis des Augsburgers Holger Schwab aus Chalong auf Phuket bekannt. Seit Oktober 2005 gibt es eine Dependance in Bang Niang. Wie im Stammhaus in Chalong ist auch dieser Sea-Bees-Basis eine kleine Hotelanlage angegliedert. In Khao Lak befinden sich Anmeldung und Shop der Tauchbasis direkt im neuen *Palm Garden Resort*. Das Hotel liegt ruhig im Grünen, etwas abseits der Straße zwischen Bang Niang und Khao Lak.
Basisleiter Georg Knoblauch und sein Team können für Einsteiger erste Schritte der Tauchausbildung im Pool anbieten. Später geht es dann mit dem Katamaran der Basis zum Tauchen. Nitrox- und Tec-Tauchen möglich; Mehrtagestouren im Angebot, geöffnet von Oktober bis Mai.

Gastronomische Tipps

In Khao Lak befinden sich längs der Hauptstraße mehrere Restaurants mit thailändischer und teils internationaler Küche. In den meisten Fällen sind diese Restaurants deutlich preisgünstiger als die der Hotels. Wirklich landestypisch und dabei überaus preiswert zeigt sich das sehr gute kleine einheimische Restaurant neben der IQ-Dive-Basis.
Etwas Besonderes ist das Restaurant »Takieng« in Bang Niang gleich neben dem Aussichtspunkt auf das gestrandete Polizeiboot. Besitzer Mr. Wichai hat sein zerstörtes Restaurant nach dem Tsunami neu aufgebaut. Die nordthailändische Küche des »Takieng« ist à la Bonheur und mehr als nur einen Besuch wert. Das Preisniveau ist auch hier sehr moderat.
Abendlicher Treffpunkt für Taucher und Musikfreunde ist die Bar »Red Snapper«. Sie ist nicht weit vom Sub Aqua Dive Center entfernt am oberen Ortstrand von Khao Lak.

Die See Bees Khao Lak bieten nicht nur eine gemütliche kleine Hotelanlage **(oben)**, sondern auch einen modernen Katamaran, der Taucher zu den begehrtesten Tauchplätzen bringt **(unten)**.

Richelieu Rock

Ein bei Ebbe nur knapp und unscheinbar aus dem Wasser ragender Felsen markiert eines der wohl legendärsten Tauchreviere Thailands – wenn nicht gar des gesamten asiatischen Raums: Es ist der Richelieu Rock, der zum Marinepark der Surin-Inseln gehört. Er befindet sich ungefähr 93 km nördlich der Similan-Inseln und war damit lange Zeit nur im Verlauf einer Tauchkreuzfahrt anzulaufen. Seit einigen Jahren gibt es aber auch die Möglichkeit,

Linke Seite Xenokrabbe
Folgende Doppelseite Am Richelieu Rock gibt es riesige Fischschwärme.

Richelieu Rock auf einen Blick

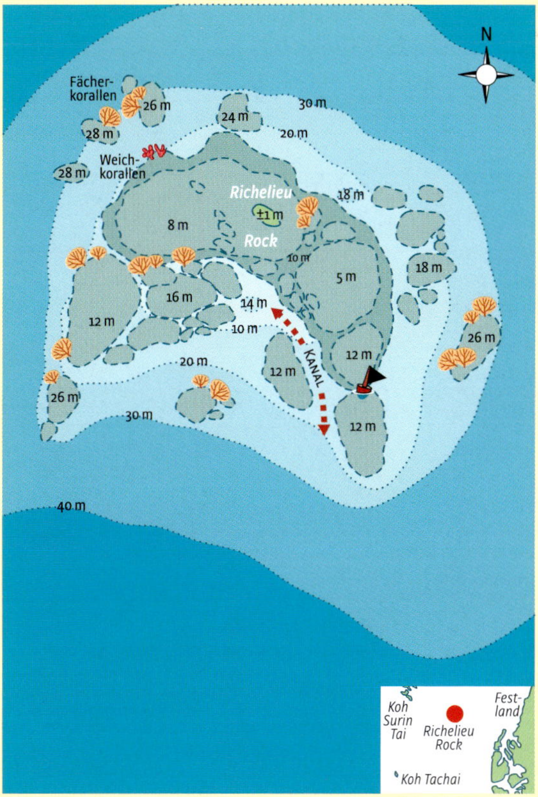

93 km nordöstlich von Similan 9; rund 200 km von Phuket, etwa 80 km nordnordwestlich von Khao Lak

mehrtägige Tauchkreuzfahrt, Ganztagestouren mit dem Schnellboot von Khao Lak

5–35 m

5–40 m

schwache bis äußerst starke Strömung

sehr gutes Tauchrevier für Walhaie

für fortgeschrittene bis sehr erfahrene Taucher

sich diesen Traumtauchplatz vom Hafen in Tap Lamu bei Khao Lak in einer Tagestour zu erschließen. Die Strecke bis zum Felsen wird dabei mit einem Schnellboot bei ruhiger See in weniger als zwei Stunden bewältigt. Kreuzfahrtschiffe brauchen von den Similans hierher je nach Seegang vier bis fünf Stunden. Viele Kreuzfahrtschiffe bewältigen die An- und/oder Abfahrt jedoch in Etappen, denn zwischen den Similans und dem Richelieu Rock liegen mit den Inseln Koh Bon und Koh Tachai weitere attraktive Tauchreviere.

Knapp 15 km östlich der Surin-Inseln präsentiert sich der Richelieu Rock als entlegener Ort im offenen Meer. Dadurch bestehen praktisch immer ausgezeichnete Chancen, Großfische wie Walhaie, Mantas, Adlerrochen, Riffhaie und Leopardenhaie zu sehen. Allerdings gibt es für die Schiffe bei unruhiger See keinen geschützten Ankerplatz, sodass sie mit laufender Maschine in gebührender Distanz auf ihre Taucher warten müssen. Diese aber finden unter Wasser genug ruhige Stellen mit Strömungsschatten. Als beste Zeit für Walhaibegegnungen gelten erfahrungsgemäß die Monate Februar bis April.

Die Unterwasserlandschaft zeigt sich am Richelieu Rock als eine sichelförmig angeordnete Felsenformation. Die außerhalb des Wassers sichtbare Spitze gehört zum größten zusammenhängenden Block des Tauchreviers. Vom rund 20 m tiefen Meeresboden reicht eine seiner Erhebungen westlich der sichtbaren Kuppe bis auf 8 m unter die Oberfläche, südöstlich davon liegt eine nur 5 m tiefe Felsspitze und nicht weit davon eine solche in 12 m Tiefe. An den beiden Ausläufern des bogenförmigen Hauptblocks liegen zwei jeweils ebenfalls bis auf 12 m Wassertiefe reichende Formationen. In Westen sorgt ein 28 m tiefer Fels für den Abschluss des felsigen Halbkreises. Im Inneren des Bogens gibt es im Osten zwischen dem dort einzigen und dem gegenüberliegenden Hauptfelsen einen Kanal im rund 20 m tiefen Sandgrund. Hier in der Nähe ist auch die Bojenleine verankert.

Überall bieten schmale Spalten und Grotten Unterschlupf für kleinere Meeresbewohner, wie zum Beispiel Geisterpfeifenfische, Streifen- und Harlekingarnelen, Krötenfische oder Seepferdchen. Die Felsen selbst sind an vielen Stellen dicht von Hart-, Horn- und Weichkorallen überzogen. Daneben wachsen auch Schwämme in unterschiedlichen Formen. Teilweise hat man den Eindruck, in einem Blumengarten zu schweben. Davor und darüber wuseln

Info

Der Richelieu Rock zählt zweifelsohne zu den absoluten Top-Tauchplätzen dieser Welt. Im Tauchrevier tobt das Leben im Kleinen wie im Großen: Niedere Tiere, Riff- und Großfische leben hier zuhauf.

Weichkorallen zeigen sich in allen Farben.

Schwarmfische wie Schnapper, Straßenkehrer und Füsiliere, im Freiwasser patrouillieren Barrakudas und andere Blauwasserbewohner.

Obgleich der Richelieu Rock den Ruf genießt, eine Anlaufstation für Walhaie zu sein, so ist der am häufigsten hier angetroffene Hai zweifellos der Leopardenhai. Die Tiere liegen meist dösend im Sandgrund. Wenn man sich ihnen ruhig und nicht direkt von hinten nähert, lassen sie Taucher bis auf wenige Meter an sich heran.

Sicherheitshinweis

Die Tauchtiefen von 30 m und mehr zu Füßen der Felsformationen können die Nullzeiten schnell Richtung Dekompressionspflicht tendieren lassen. Auch hier gilt: Deko-Tauchgänge sollen nur bei Strömungsstillstand durchgeführt werden und jeder Taucher sollte mit einer Strömungsboje ausgerüstet sein.

Koh Tachai

Info

Zusammen mit dem Richelieu Rock gilt Koh Tachai als der beste Platz für Walhaibegegnungen. Gut sind bei den Twin Peaks auch die Aussichten auf Mantas und andere Rochen, Leopardenhaie zeigen sich dagegen fast überall relativ häufig und auch Meeresschildkröten kommen hierher.

Bei einer Distanz von etwa 65 km von Khao Lak dauert die Anfahrt mit dem Schnellboot bei gutem Wetter etwa 90 bis 100 Minuten. Koh Tachai zeigt sich als grün bewachsene Felskuppe und hat im Norden einen schmalen Ausläufer. An der Ostseite lockt ein schöner Strand, der aber nur bei Flut zu erreichen ist. Vor der von Osten schräg nach Süden relativ gerade verlaufenden Küstenlinie liegt das *Leopardshark Reef*. Ein weiterer Tauchplatz rund 500 m südlich der Insel ist *Tachai Pinnacle*, der bei den Tauchbasen auch unter dem Namen *Twin Peaks* geführt wird.
Koh Tachai ist durch eine solitäre Lage Lebensraum und Anlaufstelle vieler Großfische. In den Riffzonen vor der Insel hat sich um die mit Hart- und Weichkorallen bewachsenen Felsen ein vielfältiges Leben von der Nacktschnecke bis zum großen Raubfisch entwickelt. Exoten wie Krötenfische und Seeschlangen bereichern die Fauna. Schwärme von blauen Füsilieren, Süßlippen, die fast obligatorischen Barrakudas oder schnelle Schwimmer wie Makrelen sorgen für viel Bewegung im Wasser.

Tauchplatz Leopardshark Reef
Napoleons, Schwärme von Barrakudas und immer wieder Leopardenhaie – so könnte man das Riff an der Ostseite der Insel in kurzen Worten beschreiben. Es fällt aus dem Flachwasserbereich mit 5 m Tiefe in Richtung der küstenabgewandten Seite über 30 m ab. Entlang dieser Zone reihen sich Felsblöcke und vor allem Hartkorallen parallel zum Küstenverlauf. Hirn-, Geweih- und Feu-

Leopardenhaie sind häufig zu sehen.

Ko Tachai auf einen Blick

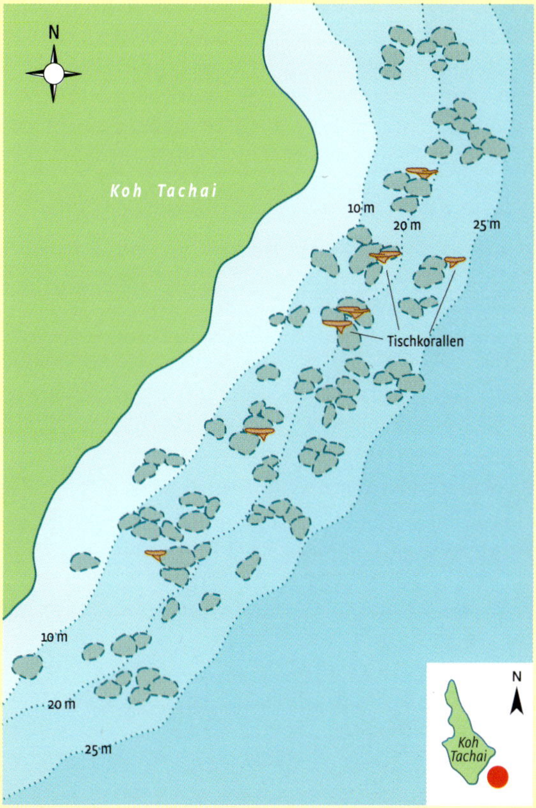

rund 20 km Kurs Nordnordwest von Koh Bon; etwa 165 km nördlich von Phuket, 65 km nordnordwestlich von Khao Lak

mehrtägige Tauchkreuzfahrt, Tagestouren von Khao Lak

5–25 m (Leopard shark Reef), 12–40 m (Twin Peaks)

5–40 m

schwache bis äußerst starke Strömung

sehr gutes Tauchrevier für große Haie, Mantas, Adlerrochen oder Barrakudas

für fortgeschrittene bis sehr erfahrene Taucher

erkorallen sind hier wohl am häufigsten. Wo das Riff im Süden in den tieferen Zonen ausläuft, wachsen kaum noch Korallen.

In den flachen Regionen eher selten zu finden, dösen die Leopardenhaie meist an der äußeren, tieferen Zone im Sand. Im Riff sind Kofferfische, Rotfeuerfische, Doktor- und Papageienfische sowie vereinzelt Sepias zu sehen. Langusten und Garnelen gehören zu den Riffbewohnern, ebenso Muränen, Nacktschnecken, und mit Glück entdeckt man Geisterpfeifenfische.

Dieser Tauchplatz eignet sich auch für einen Nachttauchgang.

Sicherheitshinweis

Rund um Koh Tachai können sehr starke Strömungen auftreten. Vor allem bei den Twin Peaks können sie so extrem sein, dass selbst das Abtauchen an einer Mooring- oder Bojenleine extrem schwierig wird. Unbedingt die Anweisungen der Dive-Guides beachten!

Tauchplatz Twin Peaks

Zwei Felserhebungen, die 300 m südlich von Koh Tachai und knapp 50 m voneinander entfernt aus dem Wasser ragen, haben dem Platz seinen Namen gegeben. Er wird von mehreren Bojen markiert. Der Meeresgrund am äußeren Rand der gesamten Felsformation liegt bei circa 30 m und fällt mit zunehmender Entfernung zu den Twin Peaks sanft ab. Im Süden werden Tiefen von 45 m erreicht. Zwischen den beiden Felsformationen ist das Meer etwa 25 m tief.

Der nördliche Teil setzt sich aus weniger Blöcken zusammen als der südliche. Die höchste Stelle liegt im Norden 18 m unter der Oberfläche. Das Areal ist von Fächer- und verschiedenen Hart- und Weichkorallen bewachsen.

Der südliche Teil von Twin Peaks besteht aus weit mehr Felsen als sein Pendant im Norden. Die höchste Stelle reicht in Form einer abgeflachten, korallenüberzogenen Kuppe bis auf 12 m nach oben. Eine weitere Erhebung in der Nähe steigt bis auf 15 m. Die Felsen am Rande haben Minimaltiefen von etwa 16 bis 20 m.

Westlich der südlichen Hauptblöcke liegen in leichtem Bogen verstreut etwa ein halbes Dutzend weitere größere Felsblöcke. An zwei verschiedenen Formationen kann man durch eine Schlucht

Koh Tachai liegt auf halber Strecke von den Similans zum Richelieu Rock.

Die beste Zeit für die Beobachtung von Walhaien sind die Monate Februar bis April.

auf die jeweils andere Seite tauchen. Am Ostrand befinden sich viele kleinere Gesteinsbrocken, die meisten davon mit unterschiedlichen Korallen bewachsen.
In den sandigen Ausläufern halten sich gerne Leopardenhaie auf. An den gut getarnten Krötenfischen drohen auch erfahrene Taucher einfach vorbeizuschwimmen. Diese halten sich oft in der Nähe kleiner Felsnischen oder zwischen den Korallen auf. Im Freiwasser sind manchmal sogar Mantas zu sehen. Möglich sind an diesem Tauchplatz auch Begegnungen mit Schwarz- und Weißspitzenriffhaien. Hier sind häufig Fledermausfische, ebenso Barrakudas.

Koh Bon

Angesichts der großen Distanz zur Inselgruppe haben es die malaysischen Taufpaten der Similans dort bei neun statt zehn Inseln belassen: Sie haben Koh Bon nicht mit eingeschlossen. Gleichwohl ist es heute Teil des Similan-Nationalparks.

Koh Bon liegt vom Hafen Tap Lamu rund drei Stunden Fahrtzeit mit dem normalen Tauchboot und circa 75 Minuten mit einem Schnellboot entfernt. An der Südwestseite erheben sich begrünte Granitfelsen, die bei Seegang und starkem Wind die Ankerbucht schützen. Koh Bon ist bei Tauchern nicht nur, aber ganz besonders wegen der guten Chancen auf Begegnungen mit Großfischen beliebt. Rund um den abfallenden Felssattel im Westen und genau darüber sind die Aussichten gut, einen oder gar mehrere Mantas zu sehen.

In der Ankerbucht an der Südseite des Westausläufers der Granitinsel sollte man »Riff rechte Schulter« längs der Felswand tauchen. Zwar zeigt sich dort die Unterwasserwelt nicht sonderlich spektakulär – die kleineren und größeren Korallenblöcke, häufig aus Hirnkorallen, sind nicht die Attraktion des Spots, auch wenn

Die Ankerbucht von Koh Bon liegt geschützt.

Koh Bon auf einen Blick

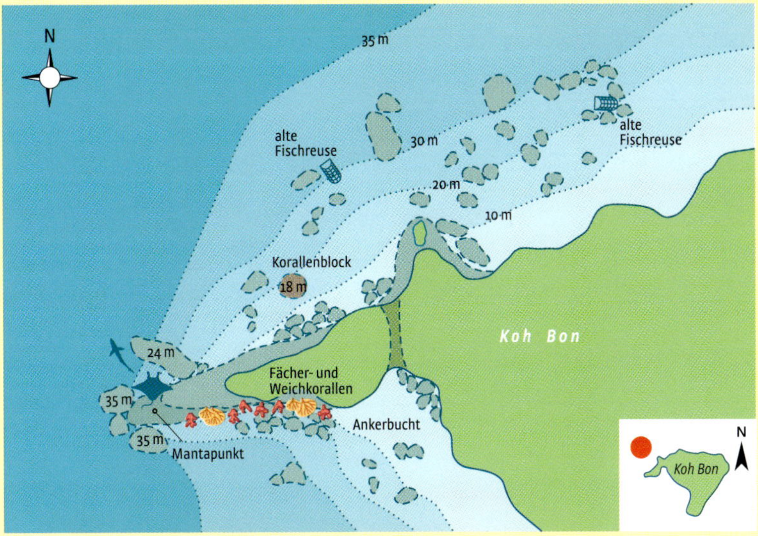

24 km nordöstlich von Similan Nr. 9; rund 145 km von Phuket, etwa 50 km von Khao Lak

Tauchkreuzfahrt, Ganztagestouren von Khao Lak

5–40 m

10–35 m

keine bis äußerst starke Strömung

an der Insel liegt eine der wenigen Steilwände Thailands; gutes Tauchrevier für Manta- und Haibegegnungen

für fortgeschrittene bis sehr erfahrene Taucher

dort Schnapper und Süßlippen oder Füsiliere zu beobachten sind. Die Stelle ist aber optimal für den Abstieg und Weg zum Mantapunkt. Der befindet sich im Bereich der Ausläufer des Felsrückens im Westen Koh Bons. Unter Wasser fällt der mit kleinen Weichkorallen bewachsene Granit auf über 30 bis 40 m ab. Wer einmal das Unterwasserkap der Westspitze erreicht, hat dort beste Chancen, einen oder sogar mehrere Mantas über dem Fels und dicht unter der Oberfläche schweben zu sehen. Taucher laufen dort oben jedoch Gefahr, abgetrieben zu werden, wenn eine der

Folgende Doppelseite Der Mantapoint trägt seinen Namen zu recht.

Weichkorallen lieben Strömung.

Sicherheitshinweis

Auf jeden Fall wird empfohlen, beim Tauchen an der Westspitze eine Strömungsboje mitzuführen.

hier zuweilen äußerst stark auftretenden Strömungen herrscht. Viel Platz und Gelegenheit, sich dann am Felsen festzuhalten, gibt es nicht. Sicherer und bequemer ist es, die riesigen Rochen aus dem ruhigen Strömungsschatten heraus zu beobachten. Einige Tiere ziehen außerdem auch dicht über dem Grund ihre Kreise. Der Grund für das häufige Auftreten der Mantas dürfte eine Putzerstation für die Rochen sein.

Außer Mantas sind an diesem Tauchplatz ab und zu Leopardenhaie anzutreffen. Sie liegen allerdings gerne in größeren Tiefen im Sand zu Füßen der auslaufenden Felswände und schlafen dort.

Garnelen findet man in schattigen Verstecken.

Selten, aber nicht unmöglich sind Begegnungen mit Schwarzspitzen- oder Grauen Riffhaien.

Nördlich des Unterwasserfelsens der Westspitze liegt ein großer Korallenblock in ungefähr 18 m Wassertiefe. Hier sind Nacktschnecken und auch Krötenfische zu Hause.

Tieftauchgänge sollten angesichts der manchmal übermäßig starken Strömungen rund um Koh Bon nur mit Bedacht geplant werden. Deko-Tauchgänge sollten entweder nur bei Strömungsstillstand von sehr erfahrenen Tauchern sorgfältig geplant und durchgeführt werden oder andernfalls unterbleiben.

North Point (auch Rocky Point)

Sicherheitshinweis

Rund 300 m nordwestlich der Mooring-Boje liegt eine weitere Felsformation, allerdings in Tiefen ab 30 m bei einem Grund über 45 m Tiefe. Bei Strömung sollte auf keinen Fall dorthin getaucht werden, denn es gibt auf dem Weg dorthin und zurück keinerlei Deckung.

Der Name ist Programm – der nördlichste Tauchplatz an Insel Nr. 9 ist zugleich das nördlichste Tauchrevier des Similan-Archipels. Die gigantischen Granitfelsen, die die Szenerie unter Wasser prägen und diesen Tauchplatz für die Similan-Inseln damit recht typisch machen, haben ihm auch den Namen Rocky Point eingebracht. Die meisten Tauchbasen führen ihn jedoch als North Point.

Der Meeresboden rund um den Felsen mit der Mooring-Leine ist etwa 20 bis 25 m tief. Mehrere Granitblöcke haben Tunnel gebildet. Südlich der Mooring ist eine Schlucht entstanden, deren Grund auf ungefähr 17 m Tiefe verläuft. Sie verläuft in Ost-West-Richtung und reicht an der Südflanke bis auf wenige Meter unter die Oberfläche. Parallel dazu verläuft weiter südlich noch ein Kanal, allerdings in flacherem Wasser und weniger spektakulär.

Mimikry: Drachenköpfe können ihre Farbe ändern.

North Point auf einen Blick

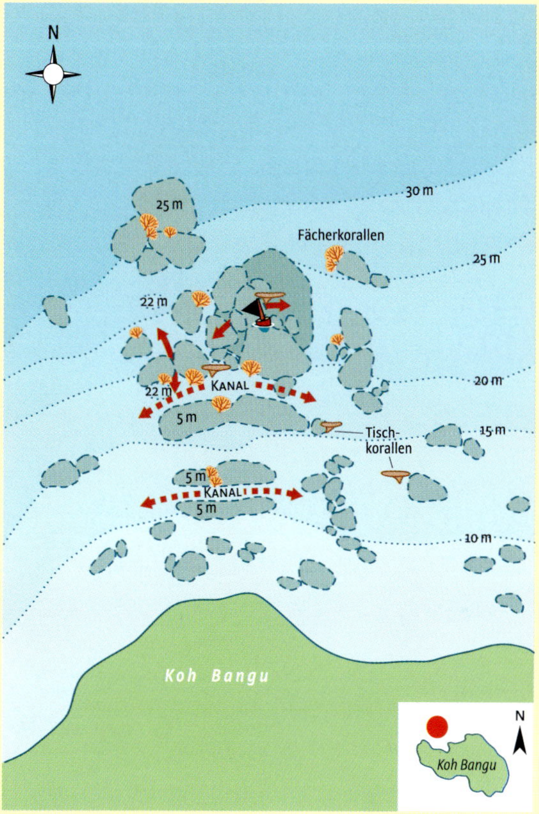

- *vor der Nordküste von Similan Nr. 9 (Koh Bangu)*
- *vor der Nordküste von Similan Nr. 9 (Koh Bangu)*
- *5–35 m*
- *10–40 m*
- *teilweise sehr starke Strömung*
- *Felsen haben zwei parallel zur Insel verlaufende Kanäle gebildet*
- *für Taucher mit Erfahrung*

Beim Tsunami sind am North Point viele Tischkorallen und Gorgonenfächer abgebrochen oder abgerissen worden. Die »For Sea Foundation« hat es in aufwendiger Arbeit zustande gebracht, viele Korallen wieder aufzustellen. Fächerkorallen wurden dabei zum Teil mit Drähten fixiert.
Mehr Info dazu im Internet: *www.forseafoundation.org*
Nach wie vor ist der North Point ein attraktives Tauchrevier. Südlich der flacheren Schlucht grenzt in 10 m Tiefe alsbald ein Korallengarten an, der bis in Inselnähe gewachsen ist und längs

Oben Rund um die Felsen ziehen Fischschwärme wie diese Straßenkehrer.
Rechte Seite Porzellankrabbe auf Anemone

der Uferlinie verläuft. Vor allem Geweihkorallen dominieren hier das Bild.

Makrofotografen und Freunde von Nacktschnecken, Garnelen und Geisterpfeifenfischen sollten genau hinschauen, denn die beliebten kleinen Riffbewohner leben auch hier. Wer gerne Schildkröten beobachtet, hat am North Point gute Chancen auch auf solche Begegnungen. Das etwas tiefere Areal des Tauchplatzes wird außerdem regelmäßig von Leopardenhaien angesteuert, die sich gerne im Sand ausruhen. Dort kann man auch Stachelrochen entdecken, die sich auf der Lauer liegend mit Sand getarnt haben. Durch das Blauwasser in Riffnähe ziehen Stachelmakrelen, Schnapper und Doktorfische und manchmal junge Barrakudas.

Christmas Point

★ vor der Westspitze von Similan Nr. 9 (Koh Bangu)
mehrtägige Tauchkreuzfahrt, Ganztagestouren von Khao Lak
5–35 m
5–40 m
teilweise sehr starke Strömung
westlich des Felsens, der aus dem Wasser ragt, großer Felsbogen zum Durchtauchen; mehrheitlich große Tauchtiefen
für Taucher mit Erfahrung

Sicherheitshinweis

Durch oft heftige Strömung ist der Platz nichts für Anfänger. Während die zahlreichen Granitfelsen Strömungsschatten bieten, sollte das Tauchen Richtung Freiwasser unterbleiben, um nicht abgetrieben zu werden. Kompass und Strömungsboje mitführen!

An der Westspitze der nördlichsten Similan-Insel liegt mit dem Christmas Point ein Tauchrevier, in dem einige große Felsblöcke Kanäle und Tunnel gebildet haben. Zwei dieser Passagen sind in rund 13 m Tiefe unmittelbar an dem Block, der die Wasseroberfläche durchbricht. Wenn man an der rund 15 m tief verankerten Leine der Mooring-Boje absteigt und nach Süden taucht, gelangt man dorthin. Westlich davon trifft man in 24 m Wassertiefe auf den Felsen, der sich wie ein Torbogen durchtauchen lässt. An den westlichen Außenseiten der Felsen wird es am Christmas Point schließlich über 30 m tief.

Oben Streifengarnelen sind scheu.
Linke Seite Anglerfische sind Meister der Tarnung.
Folgende Doppelseite In den tieferen Zonen trifft man oft auf Leopardenhaie.

Wenn Strömung, Luftverbrauch und Kondition es erlauben, kann man von der Mooring zuerst nach Westen zu den tieferen Felsen tauchen. Dann schwimmt man in rund 25 m Tiefe nach Süden zum Granitblock mit dem Torbogen. Danach steigt man am zentralen großen Felsblock allmählich höher und taucht aus oder taucht in moderater Tiefe zurück zur Mooring.
Längs des Küstenverlaufs gibt es in etwa 10 m Tiefe einen Korallengarten, der in großen Abschnitten aus Geweihkorallen besteht. Die Felsen sind in den mittleren Tiefen zum Teil relativ dicht mit Weichkorallen bewachsen. Stattliche Fächerkorallen sind dort ebenfalls zu sehen. Die Unterwasserlandschaft ist Heimat von Nacktschnecken, Garnelen, Anglerfischen Kaiser-, Falter- und Kofferfischen sowie vielen Glasfischen. Außerdem befinden sich an einigen Stellen Putzerstationen.
Neben den ständigen Riffbewohnern wie Muränen, Rotfeuerfischen oder verschiedenen Süßlippenarten kann man am Christmas Point immer wieder auch Haien begegnen. Neben den recht häufig zu beobachtenden Leopardenhaien lassen sich vor allem in den tieferen Regionen des Tauchplatzes gelegentlich Weißspitzenriffhaie blicken. Möglich sind auch Begegnungen mit Mantas.

Breakfast Bend/Snapper Alley/ Hideaway

Das Saumriff südöstlich von Similan Nr. 9 trägt den Namen Breakfast Bend. Es zieht sich vom östlichsten Punkt bis zur Südspitze der Insel und reicht von der Flachwasserzone bis in den Sand auf etwas mehr als 30 m. Das Tauchrevier wird vornehmlich aus Hartkorallen gebildet und fällt schräg ab. Durch den Tsunami wurden hier allerdings vor allem die Hörnchen- oder Geweihkorallen stark

Linke Seite Immer auf Wanderschaft durchs Riff: Falterfische

Breakfast Bend auf einen Blick

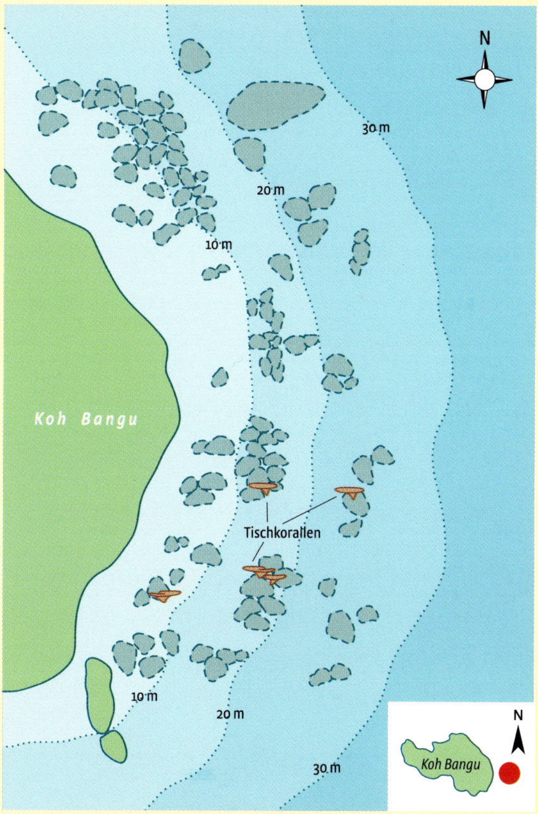

Südostseite und Südspitze von Similan Nr. 9 (Koh Bangu)

mehrtägige Tauchkreuzfahrt, Ganztagestouren von Khao Lak

7–35 m

15–35 m

keine bis mäßig schwache Strömung

einfach zu betauchender Platz, eignet sich auch gut für Nachttauchgänge

für jeden Erfahrungsstand

Info

Durch die kanalförmige Struktur der Passage waren die Strömungen des Tsunamis hier besonders stark. Der Tauchplatz zählt daher zu denen, die im Dezember 2004 mehr Schäden erlitten hatten als andere Tauchreviere.

in Mitleidenschaft gezogen und an einigen Stellen großflächig zerstört.

Stellenweise gibt es hübsche Weichkorallen, Gorgonenfächer und unterhalb von 20 Meter vereinzelt auch die Schwarze Koralle. Trompetenfische, Zackenbarsche, diverse Arten Süßlippen, eine Vielzahl von Falter- und Kaiserfischen und weitere farbenfrohe Arten sind hier beheimatet. Die Korallenstöcke im Sand sind von Broccoli-Weichkorallen überwuchert und teils von Glasfischen umhüllt. Blauflossen-Makrelen, Gelbsattel-Meerbarben und Langnasen-Straßenkehrer, aber auch mittelgroße Napoleons leben hier.

Der Tauchplatz Snapper Alley am Südpunkt der Insel Nr. 9, eine kurze Distanz vom Ende des Ausläufers des Saumriffs entfernt, liegt zwischen den Inseln Nr. 8 und Nr. 9.

Die Unterwasserlandschaft ist hier von Hartkorallen geprägt. Auch diese Stelle ist für Anfänger und zum Beispiel für Nachttauchgänge geeignet. Ab der Dämmerungsphase trifft man hier die typischen nachtaktiven Tiere, so auch die Rotfeuerfische .

Wenn es dunkel ist, kann man Papageienfische entdecken, die sich in ihren Schlafkokon eingesponnen haben. Schalentiere wie die Languste wagen sich bei Nacht schon mal eher aus ihrem Versteck – ihre Jäger wie der Oktopus allerdings auch.

Rechts Gelbstreifenschnapper fühlen sich im Schwarm wohl.
Rechte Seite Rotfeuerfische sind stets wachsam.

★ längs des südlichen Teils der Ostküste von Similan Nr. 8 (Koh Similan) bis zur Südspitze
mehrtägige Tauchkreuzfahrt, Ganztagestouren von Khao Lak
5–40 m
10–30 m
schwache, an der Südspitze zuweilen starke Strömung
großes Riff mit mehreren Mooring-Bojen, an der Südspitze oft Großfischsichtungen
für jeden Erfahrungsstand

Beacon Beach Reef

Ungefähr 200 m vor dem südlichen Teil der Ostküste der Similaninsel Nr. 8 zieht sich ein großes Riff von Norden nach Süden, das auch *Morning Edge* oder *Beacon Point* genannt wird. Es wird zum Teil aus Hartkorallen und vornehmlich im Süden aus mächtigen Felsen gebildet.

Die Artenvielfalt der riffbildenden Korallen – sie reichen in den flacheren Zonen bis teilweise dicht unter die Wasseroberfläche und fallen im Süden auf über 35 m ab – gilt hier als bemerkenswert hoch. So wachsen an einigen Stellen in größeren Tiefen ausladende Gorgonenfächer. Peitschenkorallen winden sich in vielen Farbvariationen ins Wasser. Die hiesige Korallenlandschaft war auch nach dem Tsunami in recht gutem Zustand.

Entsprechend dem vielseitigen Korallenwuchs ist auch die Fauna im gesamten Riff von einer hohen Diversität gekennzeichnet. In den flacheren Zonen sieht man Fahnenbarsche und andere kleine Rifffische. Um die verstreuten Ansammlungen von Hartkorallen leben Fangschreckenkrebse und Geistermuränen. Taucher können mit etwas Glück Nacktschnecken, Garnelen und seltene

Krebse, Langusten, verschiedene Anemonenfischarten, mehrere Spezies von Rotfeuerfischen, Fledermausfische, vielzählige Fischschwärme und größere Einzelgänger wie Johns Schnapper, längs des Riffs auch Titan-Drückerfische oder ausgewachsene Muränen beobachten. Schildkröten und Seeschlangen sind am Riffabschnitt längs der Küste ebenfalls anzutreffen. In den tieferen Regionen liegen häufig Stachelrochen im Sand.

Großfische sind meist an der Südspitze, dem *Beacon Point*, zu sehen. Hier befindet sich der Tauchplatz mit den wahrscheinlich größten Granitfelsen der Similans. Deren Bewuchs hat unter dem Tsunami jedoch teilweise Schaden genommen. Wie an vielen anderen Stellen sind die Beeinträchtigungen mittlerweile aber nicht mehr offensichtlich.

Nach Norden hin werden die Felsen kleiner und gehen in das steil abfallende südliche Ende des Beacon Reef über, das in 30 m Tiefe im Sand verläuft.

Tunfische, Schwarzspitzenriffhaie oder Graue Riffhaie sind am Beacon Point zwar nicht alltäglich, werden um die felsigen Südausläufer des Riffs aber immer wieder einmal gesichtet. Ebenso verhält es sich mit Adlerrochen und Mantas.

Info

Etwa auf der halben Länge des Riffs liegt das Wrack des Tauchsafarischiffs Atlantis X *in einer Tiefe von 15 (Bug) bis 30 m (Heck). Das 2002 gesunkene Boot ist jedoch lediglich für Wrackneulinge interessant.*

Linke Seite Der Fangschreckenkrebs trägt sein Eigelege mit sich herum.
Unten Geistermuränen leben im Sand.

Sicherheitshinweis

Anfänger kommen in diesem Tauchrevier ebenso auf ihre Kosten wie Fortgeschrittene. Das Riff ist so groß, dass dort mehrere Tauchgänge mit unterschiedlichen Tiefenprofilen unternommen werden können. Das sogenannte Jo-Jo-Tauchen (ständiger Wechsel zwischen großen und geringen Tauchtiefen während eines Tauchgangs) sollte jedoch vermieden werden.
Vorsicht: Am Beacon Point sind Tiefen von über 40 m möglich.

Rechts Die Seekobra ist giftiger als jede Landschlange – aber zum Glück nicht aggressiv.
Rechte Seite Schildkröten kommen oft in die Bucht.

Donald Duck Bay

Die sogenannte *Donald-Duck-Bucht* verdankt ihren Namen einem Felsen, der aus einem bestimmten Blickwinkel mit etwas Fantasie an das Profil eines Entenkopfs erinnert. Rund um die Ausläufer der Felsen am Nordende der Bucht liegt ein kleines und einfaches Tauchrevier, das sich hervorragend für Dämmerungs- und Nachttauchgänge eignet. Es erstreckt sich vornehmlich südlich der sichtbaren Felsen vor der Landzunge. Durch die geschützte Lage in der Bucht herrschen hier normalerweise keine oder wenn überhaupt nur ganz schwache Strömungen.

Der sandige Boden rund um die Felsblöcke ist relativ flach und erreicht nur allmählich die Tiefe von 20 m. Vereinzelt gibt es dort kleine Hartkorallenblöcke, am äußeren Felsen stehen auch kleine Weichkorallen und Gorgonenfächer. Tagsüber ist die Chance relativ groß, auf Schildkröten zu stoßen.

Nachts schwimmen Rotfeuerfische in den Lichtkegel der Unterwasserlampen, weil sie sich dort Beute erhoffen. Allerdings neigen sie dann letztendlich auch dazu, den Tauchern sehr nahe

nördliche Ausläufer der Bucht von Similan Nr. 8 (Koh Similan)

mehrtägige Tauchkreuzfahrt, Ganztagestouren von Khao Lak

5–20 m

5–30 m

keine bis schwache Strömung

ideales Tauchrevier für Dämmerungs- und Nachttauchgänge

auch für Anfänger

Sicherheitshinweis

Man muss beim Auftauchen unbedingt auf den Schiffsverkehr achten. Das gilt vor allem, wenn man sich von den Felsen am Nordrand weiter buchteinwärts bewegt hat. Am besten macht man herannahende Schiffe mit einer Strömungsboje auf sich aufmerksam.

zu kommen. In den Spalten der Felsen und Hartkorallen haben Garnelen ihren Unterschlupf, und wo Platz ist, verstecken sich zuweilen Langusten. Nacktschnecken kommen hier ebenfalls recht zahlreich vor. Unter Überhängen wird man Papageienfische entdecken, die sich an solchen Plätzen in ihren Schlafkokon eingesponnen haben.

In der Bucht selbst lohnt es kaum zu tauchen, außerdem herrscht hier tagsüber immer wieder mal Bootsverkehr.

Die Donald Duck Bay ist ein prima Anfängerrevier und gut für Nachttauchgänge.

Elephant Head Rock

Dieses Tauchrevier hat auch zwei thailändische Namen: *Hin Pusar* und *Hin Hua Kalok*. Letzteres bedeutet »Schädel« und daraus resultiert wohl auch die Bezeichnung *Elephant Head Rock* für diesen bekannten Tauchplatz, der nicht selten als der spektakulärste der Similan-Inseln bezeichnet wird. Vier Granitblöcke – drei höhere und ein etwas flacherer – sind bei der Anfahrt schon von Weitem zu sehen.

Der größte von ihnen liegt im Westen. Weitere Felsformationen reichen unter Wasser zum Teil bis 5 m unter die Oberfläche, einige aber auch mit höchsten Erhebungen nur bis 26 m. Diese tief gelegenen Blöcke haben ihren untersten Punkt bei 35 m Wassertiefe. Vor allem an der Westseite des großen Felsens, der aus dem Wasser ragt, geht es steil auf rund 30 m hinab. Westlich des südlichen und zugleich mittleren der drei großen Blöcke gibt es in etwa 22 m einen Canyon zwischen zwei Felsen. Der oberste Punkt des südlichen von ihnen reicht bis auf 20 m. Sein dem aus dem Wasser ragenden Felsen nächstgelegenes Ende ist ein bei Foto-

Folgende Doppelseite
Süßlippen stehen gerne unter Tischkorallen.

Elephant Head Rock auf einen Blick

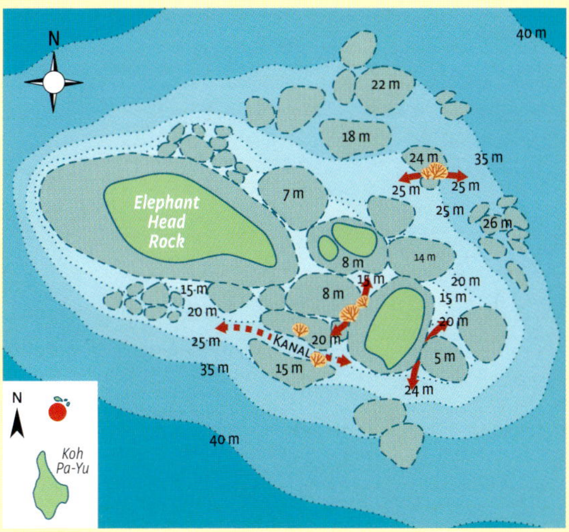

- etwa 1,5 km nördlich von Similan Nr. 7 (Koh Pa-Yu) und 1,5 km südlich von Similan Nr. 8 (Koh Similan)
- mehrtägige Tauchkreuzfahrt, Ganztagestouren von Khao Lak
- 5 bis über 40 m
- 10–40 m
- schwache bis sehr starke Strömung
- es gibt keine-Mooring Leine
- für Taucher mit Erfahrung

Fächerkorallen recken sich der Sonne entgegen.

Sicherheitshinweis

Durch die Lage seiner Felsblöcke bietet der Elephant Head Rock auch bei starker Strömung immer einige Stellen mit Strömungsschatten. Dennoch sollte den Empfehlungen der Tauchguides gefolgt werden, denn Verwirbelungen sorgen im Extremfall stellenweise für unberechenbare Verhältnisse.
An der Westseite des großen Blocks geht es steil in die Tiefe. Hier kann sich unter Umständen eine Abwärtsströmung einstellen. Im Normalfall ist sie nicht so stark, dass sie eine Gefährdung darstellt, andernfalls sollte man einfach seitlich aus der Strömung heraustauchen. Eine Strömungsboje sollte mitgeführt werden.

grafen überaus beliebter Ort. Hier sind viele schöne Weichkorallen gewachsen und ziehen damit auch reichlich Getier an.
Die Unterwasserlandschaft des gesamten Tauchplatzes ist durch schmale Passagen, überhängende Felsen und kleine Höhlen gekennzeichnet. An vielen Stellen gibt es Durchgänge, durch die man tauchen kann. Sie zählen mit zu den Höhepunkten des Tauchplatzes. Je nach Strömungsverhältnissen müssen Taucher hier ganz besonders aufpassen, damit sie nicht gegen die Felsen gedrückt werden und Korallen beschädigen.

Oben Im Westen des großen Felsens geht es steil in die Tiefe.
Vorhergehende Seite Hübsches Farbkleid: Nacktschnecke *Chromodoris geminus* **(oben)**
Am Elephant Head Rock sind Begegnungen mit Schwarzspitzen-Riffhaien möglich **(unten)**.

Während einige Granitblöcke so gut wie gar nicht bewachsen sind, haben sich auf vielen anderen Felsen Schwämme, Weichkorallen und Becherkorallen angesiedelt. Letztere sind ein gerne angenommenes Versteck für kleine Schleimfische und Büschelbarsche. Daneben sind zahlreiche Gorgonenfächer gewachsen. In dunklen Ecken findet man die endemische Andamanen-Süßlippe, während unter Überhängen schon mal ein Weißspitzenriffhai auf die Nacht wartet. In mittleren Tiefen sind Zackenbarsche, Kaiserfische und eine Vielzahl an Doktorfischen zu Hause. Wird in den tieferen Regionen getaucht, stößt man auf Fangschreckenkrebse, Schwertgrundeln, Sandbarsche und Leierfische. In den flachen Zonen leben Nacktschnecken und Fadenwürmer. Verschieden große Barrakudas und Schwarzspitzenriffhaie ziehen gelegentlich am Riff vorbei und manchmal sieht man Mantas in der Nähe der Felsen. Selbst Walhaibegegnungen sind am Elephant Head Rock möglich.

Deep Six

Wie einige andere Tauchplätze der Similans firmiert auch *Deep Six* unter einem zweiten Namen und ist ebenfalls als *Fanfare Point* bekannt. De facto ist das Tauchrevier eine »Unterwasser-Verlängerung« der Nordspitze von Insel Nr. 7.

Im Westen dieses Tauchreviers hat die damals mit dem Tsunami einhergehende Strömung im Vergleich zu anderen Tauchplätzen größeren Schaden angerichtet. So sind besonders im Osten des Tauchplatzes, wo die Strömung ungebremst auftraf, an einigen Stellen Tischkorallen umgekippt und Fächerkorallen abgebrochen. Dort, wo die Felsen von *Deep Six* durch ihren Widerstand den Korallen Strömungsschatten boten, ist es dagegen nicht so dramatisch verlaufen. Wer nicht exakt weiß, wie es an dieser Ecke des Riffs vor der Flut ausgesehen hat, wird heute kaum noch einen Unterschied feststellen können. Generell ist das Tauchrevier also weder unattraktiv geworden noch gar verloren.

Der Name *Deep Six* lässt es schon vermuten: Das Areal rund um die felsige Spitze der Insel Nr. 7 eignet sich für tiefe Tauchgänge. Es gibt eine Art Zentralmassiv genau in der Verlängerung von Koh

Verlängerung der Nordspitze von Similan Nr. 7 (Koh Pa-Yu)

mehrtägige Tauchkreuzfahrt, Ganztagestouren von Khao Lak

5 bis über 40 m

10–30 m

schwache bis starke Strömung

an der Ostseite wurde Deep Six vom Tsunami zwar in Mitleidenschaft gezogen, ist aber an anderen Stellen nach wie vor ein schöner Tauchplatz

mittel bis fortgeschritten

Rotfeuerfische sind schön und giftig.

Der große Kugelfisch hat ein starkes Gebiss.

Pa-Yu. Durch die Anordnung verschieden großer Granitblöcke haben sich einige Tunnel gebildet, die man durchtauchen kann. Diese Passagen befinden sich in Tiefen zwischen 10 und 23 m. Der Sandgrund um den großen Felsenkomplex fällt von 10 m Tiefe in Inselnähe auf letztendlich 30 m und mehr ab.
Zwischen den Granitblöcken, die scheinbar wie eine überdimensionale Treppe in die Tiefe führen, findet man unter anderem die endemischen Blauflecken-Kieferfische. In der Nähe der Tunnel

Warzenschnecken sieht man relativ häufig.

Weichkorallen öffnen ihre Polypen besonders bei Strömung.

halten sich oft die charakteristisch gestreiften Orientalischen Süßlippen und die gepunkteten Harlekin-Süßlippen auf. In den westlichen Bereichen des Riffs finden sich nach wie vor schöne Fächerkorallen. Rotfeuer- und Falterfische sind dort zu Hause, und immer noch zieht ab und zu der ein oder andere Weißspitzenriffhai durch das Riff. Wimpelfische, Rotzahn-Drückerfische und auch kleinere Schulen von Gelbaugen-Schnappern bevölkern die Szenerie. An den Blöcken im Osten des Tauchreviers stehen außer hübschen Gorgonenfächern unter anderem kleine pinkfarbene Weichkorallen.

East of Eden

Das von den meisten Tauchbasen unter dem Namen *East of Eden* angesteuerte Tauchrevier ist außerdem noch als *Morning Edge* bekannt. Das Riff erstreckt sich von etwas nördlich des östlichsten Punktes bis hinunter an die Südspitze der Insel. Das gesamte Gebiet beherbergt eine der farbenprächtigsten und damit wahrscheinlich auch schönsten Unterwasserlandschaften der Similan-Inseln. *East of Eden* ist die perfekte Kombination von Hart- und Weichkorallen, das Ganze umgeben von weißem Sand. Im mittleren Abschnitt ist der Korallenwuchs teilweise etwas weniger ausgeprägt. Dennoch zeigt sich die Artenvielfalt über den gesamten Verlauf des Tauchplatzes.

Von der Küste der Insel weg fällt das Riff steil ab und erreicht dabei Tiefen von 40 m und mehr. Im nördlichen Bereich sind die tieferen Regionen um 30 m an vielen Stellen mit buschigen Weichkorallen, Fächerkorallen und Büschen aus Schwarzen Korallen übersät. Zwischen ihnen tummeln sich zahlreiche Fischarten und Kleinlebewesen. In lichtgeschützten Unterständen verstecken sich Soldatenfische, Großaugenbarsche streifen gemächlich durch ihr Revier und Blaustreifenschnapper flitzen in wilden Schwärmen vorbei. Taucher, die gern nach kleinen Dingen Ausschau halten, werden an diesem Riff ebenso auf ihre Kosten kommen. Tiere wie

Kaurischnecken wie die *Cypraea tifris* sind auch als Porzellanschnecken bekannt.

East of Eden auf einen Blick

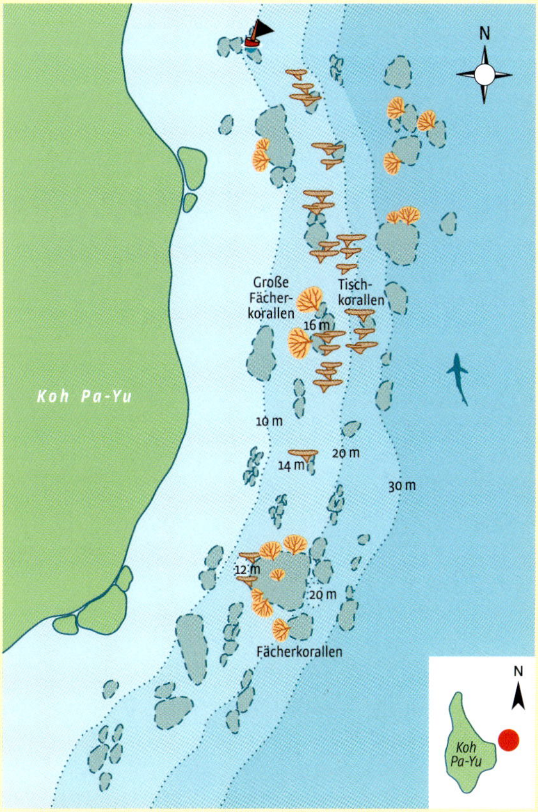

entlang des südlichen Teils der Nordostseite von Nr. 7 (Koh Pa-Yu) und um die Ostflanke herum in Richtung Südküste der Insel

mehrtägige Tauchkreuzfahrt, Ganztagestouren von Khao Lak

5–35 m

10–40 m

schwache bis starke Strömung

gilt allgemein als einer der Top-Tauchplätze der Similans

leicht bis mittel

Langnasen-Büschelbarsche, Schwertgrundeln oder Geisterpfeifenfische sind hier ebenso anzutreffen wie Nacktschnecken und Kaurimuscheln.

Eine der besten Stellen im Riff stellt ein Korallenblock dar, der von 22 m Tiefe im Sandgrund bis auf 12 m nach oben gewachsen ist. Er steht am südlichen Ende der Ostflanke von Insel Nr. 7 und ist wunderschön mit Fächer- und Weichkorallen bewachsen. Ziemlich in Höhe der Mitte der Ostflanke liegen in nur rund 15 m Wassertiefe einige der wahrscheinlich größten Gorgonenfächer des gesamten

Folgende Doppelseite
Markenzeichen Fächerkorallen – am Tauchplatz East of Eden sind sie bemerkenswert groß.

Tipps für Fotografen

East of Eden wird oft als einer der besten Plätze der Similan-Inseln klassifiziert. Hier lohnt es immer, eine Unterwasser-Kamera mitzunehmen. Im Weitwinkelbereich bieten die verschiedenen Korallenarten reichlich farbige Motive, im Nahbereich gibt es zahllose Motive.

Rechts Seepferdchen mögen Fächerkorallen.
Rechte Seite Weichkorallen bestehen aus Kolonien winziger Polypen.
Unten Großaugen-Soldatenfische lieben dunkle Verstecke.

Riffs. Im Scheinwerferlicht der Unterwasserlampen leuchten sie in kräftigem Orange und bilden einen schönen Kontrast zum hellen Blau des Wassers.

Im ganzen Riff bestehen vor allem in den unteren Regionen Chancen auf Sichtung von Weißspitzen- oder Schwarzspitzenriffhaien. Und natürlich liegen auch hier oft Leopardenhaie im Sand.

Anita's Reef

Info

Da dieser Tauchplatz verschiedene Tiefenzonen bietet, ist er für alle Taucher gleich welchen Erfahrungsstands geeignet.

Anita's Reef wird bei einigen Tauchbasen auch unter den Namen *Barrakuda Point* und *Morning Glory* geführt. Zwar beginnt das Riff an seinen Nordausläufern bereits in Höhe der Ostküste der kleinen Insel Nr. 6, der größte Teil verläuft jedoch entlang der südöstlich davon gelegenen Insel Nr. 5.

In der Nähe des Ufers zunächst sehr flach, fällt es weiter entfernt schließlich sanft auf ungefähr 30 m ab. Taucherisch lohnt es dabei kaum, die Tiefe von 25 m nennenswert zu überschreiten.

In den oberen Bereichen sind einige schöne Tischkorallen zu finden. Oft verstecken sich darunter Korallenfische. In den tieferen Zonen des Riffs besteht der Meeresgrund aus hellem Korallensand.

In den tieferen Regionen von *Anita's Reef* sind weitläufig verstreut verschieden große Korallenstöcke entstanden. Sie sind mit Weichkorallen in leuchtendem Rot und Lila sowie feuerroten Anemonen bewachsen.

In der sandigen Tiefenzone leben die scheuen Röhrenaale, die sich in den Sand zurückziehen, sobald Taucher ihre Fluchtdistanz

Stachelrochen sind normalerweise nicht angriffslustig.

Anita's Reef auf einen Blick

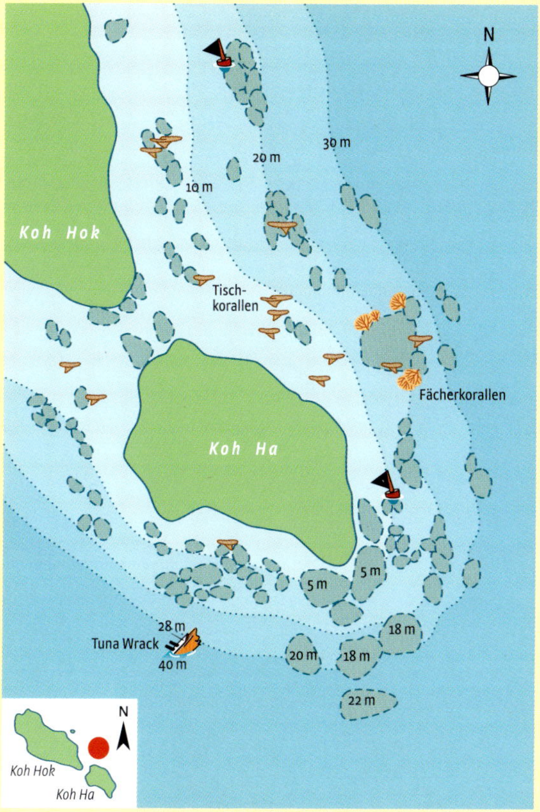

- *das Riff zieht sich östlich von Similan Nr. 6 (Koh Hok) nach Südosten entlang der Ostseite von Nr. 5 (Koh Ha) und herum bis in deren Süden*
- *mehrtägige Tauchkreuzfahrt, Ganztagestouren mit dem Schnellboot von Khao Lak*
- *2–27 m*
- *10–35 m*
- *schwache bis mäßige Strömung*
- *Tauchtiefen von der Flachwasserzone bis auf über 30 m möglich*
- *leicht, auch für Tauchanfänger geeignet*

unterschreiten. In diesem weitläufigen Areal bestehen gute Aussichten, auf Stachelrochen zu stoßen. Diese Tiere sind normalerweise harmlos, auch wenn man sie aus einer relativ kurzen Distanz beobachtet. Sie sollten aber nicht von zwei Tauchern, die sich gleichzeitig aus unterschiedlichen Richtungen nähern, in die Enge getrieben werden. Auch darf ihnen nie der Fluchtweg verbaut werden, da sie sich sonst mit blitzschnellen Drehungen und Bewegungen verteidigen könnten. Zwar endet eine Attacke mit dem Giftstachel nicht unbedingt tödlich, zieht aber fast immer

Sicherheitshinweis

Einem Stachelrochen sollte man sich keinesfalls nähern, wenn der Stachel am Ende des tellerförmigen Körpers trotz der Ruheposition des Tieres aufgerichtet ist.

eine Nekrose um die Stichwunde nach sich (das Fleisch stirbt ab) und ist auf jeden Fall für lange Zeit sehr schmerzhaft.

In den von Juwelen- und Fahnenbarschen bevölkerten Korallenstöcken entdeckt man viele Putzerstationen. Zur Südspitze der Insel hin wird das Areal deutlich felsiger und geht dann in ein eher steil abfallendes Hartkorallenriff über.

Eines der Markenzeichen des Riffs ist ein großer Korallenblock, der südöstlich von Insel Nr. 5 in etwa 20 m Tiefe und nördlich der Mooring-Verankerung zu finden ist. Sein höchster Punkt liegt bei rund 12 m. Er ist mit wunderschönen Weichkorallen und großen Fächerkorallen bewachsen, außerdem haben sich verschiedene Hartkorallen angesiedelt.

2003 hat die Verwaltung des Similan-Nationalparks im Süden von Insel Nr. 5 ein Wrack versenkt, um so ein künstliches Riff zu schaffen. Allerdings liegt das circa 30 m lange Boot auf 40 m Tiefe. Weil es auf dem Grund auf die Seite gekippt ist und der höchste Punkt bei circa 30 m liegt, beträgt die durchschnittliche Tauchtiefe in der Regel deutlich mehr als 30 m.

Da *Anita's Reef* mit seinen Korallen und Fischen wesentlich attraktivere Tauchgänge verspricht, ist der Tauchgang am sogenannten Tuna-Wreck nicht sonderlich empfehlenswert.

Folgende Doppelseite Weichkorallen – ein Konzert aus Farben.
Rechte Seite Hier lauert ein Drachenkopf in einer Felsspalte.
Unten Im ganzen Riff kommen Fischschwärme vor.

Stonehenge

★ rund 200 m nördlich von Similan Nr. 4 (Koh Miang) km nordnordwestlich von Khao Lak bis zur Südspitze
mehrtägige Tauchkreuzfahrt, Ganztagestouren von Khao Lak
18–35 m
10–30 m
schwache bis starke Strömung
Tauchplatz im offenen Wasser mit durchschnittlich relativ großer Tauchtiefe
mittel bis fortgeschritten

Auch dieser Tauchplatz im offenen Wasser an der nordwestlichen Spitze der Insel Nr. 4 (Koh Miang) ist ein rundum tiefes Gebiet. Der sandige Meeresboden liegt hier auf rund 30 m. Auf ihm ragen einige riesige Felsblöcke auf, die ein wenig an kreisförmig angeordnete Megalithen erinnern. Daher rührt auch der Name dieses Platzes: Die Steinkreisanlage von Stonehenge in England stand mit ihren aufrecht stehenden Gesteinsblöcken Pate.

Die flachste Stelle des Tauchreviers ist auf etwa 15 bis 18 m Tiefe zu finden. Damit ergibt sich eine durchschnittliche Tauchtiefe, die ständig deutlich darüber liegt und den Taucher zwingt, seinen Luftvorrat, die Tauchzeit und die Nullzeit permanent im Auge zu behalten. Die Lage zwischen den Inseln begünstigt zum einen starke Strömungen, zum anderen aber verbessert die im Durch-

Mantas kommen auch an den Platz nahe der Insel Nr. 4.

Oben Großaugen-Soldaten mögen dunkle Verstecke.
Nächste Seite Weichkorallen hießen früher Blumentiere.
Übernächste Seite Geisterpfeifenfische stehen zwischen Korallenästen.

schnitt große Tiefe des Tauchplatzes die Chance, auf Großfische zu stoßen. Taucher mit wenig Erfahrung sollten sich hier unbedingt einem erfahrenen Tauchguide anschließen.

Zu den Fischen, die am Tauchplatz *Stonehenge* immer wieder beobachtet werden, gehören die kleinen Weißspitzenriffhaie. Mit ihrem abgeflachten Kopf sind sie leicht zu identifizieren. Adlerrochen oder die seltenen Gitarrenrochen erscheinen ebenfalls von Zeit zu Zeit an diesem Riff. In seinen Felsspalten verstecken sich verschiedene Arten von Soldatenfischen, Rotfeuerfische sowie einzelne und Gruppen von Süßlippen. Große Langusten entdeckt man am ehesten durch ihre langen Fühler, die wie Antennen aus ihren Wohnhöhlen herausschauen.

Schöne große Gorgonenfächer in ihren ocker bis orange leuchtenden Farbtönen, Schwarze Korallen und grüne Bäumchenkorallen sowie große Tonnenschwämme prägen die Unterwasserlandschaft. Im Freiwasser sind zuweilen Mantas zu sehen, aber auch schnelle Räuber wie Thunfische, Barrakudas und Makrelenarten jagen längs des Riffs durch das Blauwasser. Im Nahbereich zeigen sich Geisterpfeifenfische als Höhepunkte und lebendige Farbtupfer gleichermaßen.

Sicherheitshinweis

Aufgrund der Lage und Tiefe müssen Tauchgänge am Platz Stonehenge sorgfältig geplant und diszipliniert durchgeführt werden.

Sharkfin Reef (Hin Phae)

Der Weg zum *Sharkfin Reef* ist identisch mit der Anfahrt zu *Boulder City*, von dort geht es dann nur noch etwas mehr als 1 km weiter in nordwestliche Richtung auf die Insel Nr. 3 zu. Bei ruhiger See kann man an einigen Stellen die Granitblöcke des Riffs vom Boot aus sehen. Drei felsige Erhebungen reichen im mittleren Teil bis dicht unter die Wasseroberfläche. Mit etwas Fantasie erinnern diese Felsen an die Rückenflossen von Haien – und gaben dem Tauchgebiet auf diese Weise seinen Namen.

Die Südseite des fast 1 km langen Riffs ist von relativ steilen Felswänden oder Abfällen auf den rund 20 m tiefen Grund gekennzeichnet. An seiner nördlichen Flanke fällt das Sharkfin Reef dagegen etwas mäßiger in die Tiefe ab. Auch hier liegt der Sandgrund zunächst bei etwa 20 m.

Wie das Felsgestein fällt auch der Meeresboden an der Nordseite sanfter ab und verliert sich im Süden recht zügig in tieferen

Glasfische finden sich vor allem am nördlichen Abhang.

Sharkfin Reef auf einen Blick

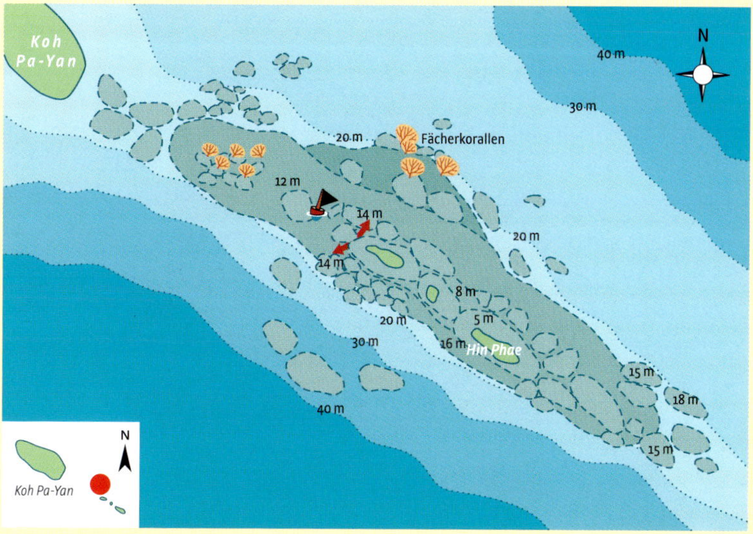

★ *ungefähr 1 km südöstlich von Similan Nr. 3 (Koh Pa-Yan)*

mehrtägige Tauchkreuzfahrt, Ganztagestouren von Khao Lak

5–40 m

10–30 m

schwache bis starke Strömung

rund 1 km langgezogener, geradlinig von Nordwesten nach Südosten verlaufender Felsrücken

für Taucher mit mittlerer Erfahrung

Regionen. Letztendlich geht es rund um das *Sharkfin Reef* auf 40 m Tiefe und mehr hinab. Strömungen treffen hier fast immer im rechten Winkel auf das Riff. In diesem Fall liegt eine Seite immer im Strömungsschatten.

Am Sharkfin Reef wachsen vor allem im nördlichen Teil Hartkorallen wie zum Beispiel Geweihkorallen. Daneben gibt es Weich-, aber auch schöne Fächerkorallen. Die meisten dieser Gorgonen leuchten in kräftigem Orange. Die Hartkorallen am nördlichen Abhang sind teils von Glasfischschwärmen bevölkert.

Im nördlichen Teil des Riffs haben die Felsen an einigen Stellen Tunnel gebildet. Einer davon liegt bei rund 14 m nicht allzu weit

Die meisten Fächerkorallen sind hier orange.

von der Verankerung der Mooring-Boje und lässt sich relativ problemlos durchtauchen.

An den Passagen stehen viele Blaustreifenschnapper und Süßlippen. Auch hier kennzeichnen in weiten Teilen grüne Bäumchenkorallen und Gorgonenfächer die Landschaft. An der Südseite des Riffkomplexes lassen sich oft größere Gruppen von Barrakudas sehen. In Schulen organisiert bilden sie riesige Kreisel und treiben

Sicherheitshinweis

Bei starker Strömung bietet eine Seite des Riffs zwar Strömungsschatten. Dennoch sollte man sich dann nicht zu weit von der Felsformation in Richtung offenes Wasser entfernen. Dann nämlich wirkt sich die Strömung wieder stärker aus und kann einen Taucher schnell weit abtreiben, sodass eine Rückkehr zum Riff schwer oder gar unmöglich wird.

Links Fledermausfische kreisen meist ein paar Meter unter der Oberfläche.
Folgende Doppelseite Leopardenhaie können auch sehr schnell schwimmen.

scheinbar ziellos wie eine silbrig glänzende Windhose aus Fischleibern am Riff entlang. Weißspitzenriffhaie, die in der gesamten Region meist nicht viel größer als 1 m werden, liegen manchmal wie Bambushaie in kleinen Höhlen. Nur selten sieht man sie bei Tage herumschwimmen. Meeresschildkröten ziehen gerne durch die flacheren Regionen, und weiter unten im Sand entlang des Sharkfin Reef sind immer wieder mal Leopardenhaie zu sehen.

Boulder City

★ ungefähr 2,5 km südöstlich von Similan Nr. 3 (Koh Pa-Yan) und nordöstlich von Nr. 2 (Koh Pa-Yang)
mehrtägige Tauchkreuzfahrt, Ganztagestouren von Khao Lak
12–35 m
10–30 m
schwache bis starke Strömung
abwechslungsreiches, von mehreren großen Granitblöcken geprägtes Tauchrevier
je nach Strömung für Taucher mit wenig bis viel Erfahrung

Die Anfahrt mit dem Schnellboot dauert bei ruhiger See und einer Distanz von etwa 60 km zur Küste knapp 90 Minuten. Mit normalen Tauchschiffen wird die Strecke in rund drei Stunden bewältigt.
Boulder City ist das Ende eines gigantischen Felskamms. Er zieht sich insgesamt von der Ostseite der Insel Similan Nr. 3, Koh Pa-Yan, über das Sharkfin Reef weiter nach Südosten. Dort verläuft sich die Gesteinsformation dann im sandigen Meeresboden.

Die tatsächliche Farbe der Korallen ist nur mithilfe einer Lampe zu erkennen.

Napoleon-Lippfisch

Der englische Begriff »boulder« bezeichnet Felsblöcke. Der Name Boulder City ist deswegen so treffend, weil es hier eine ganze Reihe davon gibt, wobei einige beachtliche Ausmaße haben. Die riesigen Granitblöcke sind teils mit farbenfrohen Weichkorallen, grünen Bäumchenkorallen und Gorgonenfächern bewachsen und liegen verstreut im Sand. Außerdem haben sich hier Poren- und Geweihkorallen angesiedelt.

Zwischen dem großen und dem mittleren Felsblock lassen sich mit etwas Glück auch Großfische wie Buckelkopf-Papageien- und Napoleonfische beobachten. In den tieferen Regionen bei 25 und 30 m sind auf dem Sandgrund häufig Leopardenhaie zu sehen. Die ebenfalls gar nicht seltenen kleinen Rochen sind dagegen nicht so einfach zu erkennen, denn sie tarnen sich gerne dadurch, dass sie ihren Körper mit Sand bedecken. Ist einmal einer von ihnen entdeckt und sucht sich einen neuen Liegeplatz, kann man oft beobachten, wie der Rochen sich den Sand durch flatternde Bewegungen selbst auf seinen Körper schaufelt.

Boulder City ist außerdem einer der wenigen Plätze auf den Similan-Inseln, an denen »Dory«, der farbenprächtige Doktorfisch aus »Findet Nemo«, zu Hause ist.

Meeresschildkröten sind gute Taucher.

Drachenköpfe können ihre Farbe dem Untergrund anpassen.

Die größte Felsformation von Boulder City liegt im Norden des Tauchplatzes. Sie erhebt sich dort bis auf 16 m Wassertiefe. An ihrem westlichen Ausläufer fällt der Meeresboden von rund 30 m Tiefe weiter ab. An der Ostseite des großen Blocks liegt ein kleinerer Granitfelsen, dessen höchster Punkt bis auf 18 m aufragt.

Taucht man von hier aus über die anschließenden kleinen Felsen etwas weiter südlich, wird die nächstgrößere Formation erreicht. Sie erhebt sich bis auf 12 m unter die Wasseroberfläche. In dieser Gegend halten sich gerne Schildkröten und größere Fische wie Zackenbarsche oder Napoleons auf. Nach Süden, dann allerdings über den vor Strömung ungeschützten Sandboden, führt der Weg zum dritten Granitmassiv. Dessen höchster Punkt liegt bei 18 m. Alles in allem ist Boulder City somit ein vergleichsweise tiefer Tauchplatz.

Bei starker Strömung sollte der Tauchgang an den zentralen Blöcken durchgeführt werden, da diese ausreichend Strömungsschutz bieten können. Auf dem Weg über den 25 bis 30 m tiefen Sandgrund zur südlichen Felsformation drohen Taucher bei solchen Strömungsverhältnissen abgetrieben zu werden.

Sicherheitshinweis

Aufgrund der durchschnittlich relativ großen Tiefe müssen außer dem Luftverbrauch auch die Null- oder Dekompressionszeiten im Auge behalten werden.

Boonsung-Wrack

Der Name täuscht: Bei dem von Tap Lamu circa 30 Minuten Bootsfahrt entfernten Tauchziel handelt es sich nicht um ein Schiff, sondern um einen 1984 versenkten ehemaligen Zinnbagger. Vor dem Tsunami hatte er einen nahezu rechteckigen Grundriss und erinnerte an eine Schwimmplattform. Die Kraft der Welle zerlegte die Metallkonstruktion in drei unterschiedlich große Teile. An einigen Stellen ist das Boonsung-Wrack dennoch »wiederzuerkennen«.

Das Wrack ist trotz seiner auf den ersten Blick unspektakulären Erscheinung ein richtig gutes Tauchrevier. Es wimmelt hier von Fischen, und nach wie vor trifft man zuweilen auf Leopardenhaie. Für eine Walhaibegegnung muss man Glück haben. Legendär ist in diesem Zusammenhang der Winter 2003/2004, in dem sechs Mal von Walhaisichtungen am Wrack berichtet wurde.

Das sogenannte Boonsung-Wrack ist, wie schon gesagt, kein Schiff, sondern war eine rechteckige Förderplattform mit Laderaum, aber ohne hohe Aufbauten. Der Tsunami zerbrach das Wrack in drei – oder je nach Zählart fünf – große Blöcke, die nun ein paar Meter voneinander entfernt liegen. Noch immer verläuft die Hauptachse der Wrackteile insgesamt in Nord-Süd-Richtung. An der Westseite ist die große X-förmige Strebenkonstruktion an der Außenwand des Wracks stehen geblieben. Sie ist das heimliche Wahrzeichen des Wracks.

Das Boonsung-Wrack wird von unzähligen Tieren als Ersatzriff angesehen. Neben zahlreichen dichten Fischschwärmen fallen

Rotfeuerfische schwimmen am Wrack gern frei umher.

Boonsung-Wrack auf einen Blick

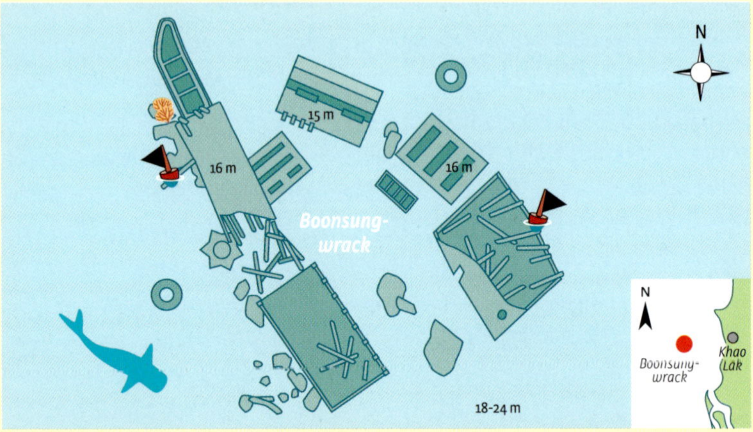

★ *ungefähr 22 km nördlich des Hafens Tap Lamu und rund 13 km westlich der Küste in etwa in Höhe von Khao Lak, von Phuket rund 90 km nördlich*

Halbtagestouren von Khao Lak

15–20 m

5–25 m

keine bis starke Strömung

neben dem Premchai-Wrack einziges nennenswertes Tauchrevier in Küstennähe vor Khao Lak; außergewöhnlich fischreich

auch für Anfänger

Fast jede Spalte im Wrack wird bewohnt, hier von einer Netzmuräne.

An dem Wrack herrscht ein unglaublicher Fischreichtum.

hier vor allem die vielen Rotfeuerfische auf. Tropische Drachenköpfe, Steinfische, Muränen unterschiedlicher Arten, Nacktschnecken, kleine Garnelen und Krabben – die Fauna ist fürwahr vielfältig. Unumstrittene Lieblinge der Taucher sind hier aber die Leopardenhaie, die bei vielen Tauchgängen anzutreffen sind. Das Boonsung-Wrack ist zwar nicht übermäßig groß, aber durch den außergewöhnlichen Fischreichtum ist es einfach, hier sogar einstündige Tauchgänge ohne Langeweile zu verbringen. Der Tauchgang sollte auf dem Sandgrund um und zwischen den einzelnen großen Blöcken des Wracks beginnen. Am Ende steigt man auf zu den etwas höher gelegenen Oberseiten des Boonsung-Wracks.

Sicherheitshinweis

Zwar haben sich nach dem Tsunami an etlichen Stellen Öffnungen und Spalten ergeben, die in das Wrack hineinzuführen scheinen, es ist aber ratsam, dort nicht einzudringen. Die Gefahr, dass große Metallteile abbrechen oder das Wrack an einigen Stellen weiter einstürzt, ist zu groß.

Am Boonsung Wrack können auch Dämmerungs- und Nachttauchgänge durchgeführt werden.

Premchai Wrack

★ etwa 12 km südlich von Tap Lamu in Küstennähe rund 80 km nördlich von Phuket
Halbtagestouren von Khao Lak
12–24 m
5–25 m
keine bis starke Strömung
neben dem Boonsung-Wrack einziges nennenswertes Tauchrevier von Khao Lak aus in Küstennähe; außergewöhnlich fischreich
auch für Anfänger

Seit August 2001 laufen die Tauchbasen rund um Khao Lak ein weiteres Tauchziel vor der Küste an. Etwas weniger als 30 Minuten südlich von Tap Lamu entfernt liegt das Premchai-Wrack. Es handelt sich dabei um einen kieloben auf dem Sandgrund liegenden ehemaligen Schwimmbagger mit Laderäumen für das geborgene Zinn – und nicht wie oft behauptet um ein Frachtschiff. Wie bei seinem Pendant im Norden, dem Boonsung-Wrack, ist auch hier die Sicht meist eingeschränkt. Nennenswerten Korallenwuchs gibt es hier nicht, dafür wartet das Premchai-Wrack ebenfalls mit reichem Fischleben auf.

Als Halbtagestauchziel in Küstennähe ist das Premchai-Wrack im Süden von Khao Lak eine gute Ergänzung zum bekannteren Boonsung-Wrack. Im Gegensatz dazu ist der ehemalige Bagger

Auch dieses Wrack war kein Schiff, sondern ein Zinnbagger.

Sicherheitshinweis

Das Eindringen wird nicht empfohlen, da kaum abzuschätzen ist, in welchem Zustand das Metall im Inneren nach dem Tsunami ist. Leicht können hier Teile herabfallen und Gefahrensituationen hervorrufen oder gar Ausgänge versperren.

zwar weitgehend unzerstört, aufgrund seiner Lage aber kaum bewachsen. An einigen Stellen wurden die Bordwände nach dem Untergang im Rahmen von Bergungsarbeiten aufgeschweißt. Weil die oft vom Plankton reduzierte Sicht eine komplette Übersicht über das Wrack häufig unmöglich macht, ist es für den Taucher zuweilen nicht als gekentertes Schiff erkennbar. Dafür entdeckt man hier jedoch reichlich Schwarmfische wie Schnapper und Füsiliere, und in den Nischen und Spalten verstecken sich Rotfeuerfische und Drachenköpfe. Unübersehbar sind die Fledermausfische, die über dem Wrack in kleinen Gruppen kreisen, und auf dem Sandboden döst gern der eine oder andere Leopardenhai. Außerdem sind hier fast immer Gelbflossenbarrakudas zu sehen.

Oben Die Sichtweiten können schwanken.
Unten Fledermausfische nähern sich Tauchern bis auf kurze Distanz.

Küsten und Inseln im Osten

Tauchen vor Ao Nang, bei Phuket, Phi Phi Island und Koh Lanta

Östlich vom Südteil Phukets und zu einem Teil südlich der Insel liegen Tauchplätze, die im Rahmen von Tagestouren erreicht werden können. Auch Tauchbasen auf Phi Phi Island und der Insel (Koh) Lanta im Osten laufen diese Stellen an. Von dort muss man jedoch je nach Lage des Tauchreviers mit jeweils unterschiedlichen Fahrtzeiten rechnen. Die weiteste Anfahrt hierher haben Tauchschulen in Ao Nang bei Krabi im Norden, aber auch dort gibt es einige lokale Tauchreviere vor der Küste.

Im Gegensatz zum Gebiet der Similan-Inseln können die meisten der hier beschriebenen Tauchplätze ohne besonders lange Anfahrtszeiten erreicht werden. Gleichwohl finden mit Ausnahme der lokalen Tauchreviere vor Ao Nang auch hier fast nur Tagesfahrten statt. Die Taucher sind im Prinzip auch beim Start von Phuket oder Koh Lanta fast immer bis zum Nachmittag unterwegs. In Ao Nang gehören dagegen Halbtagesfahrten zu den vorgelagerten Inseln zum normalen Tauchbetrieb.

Inseln vor Ao Nang

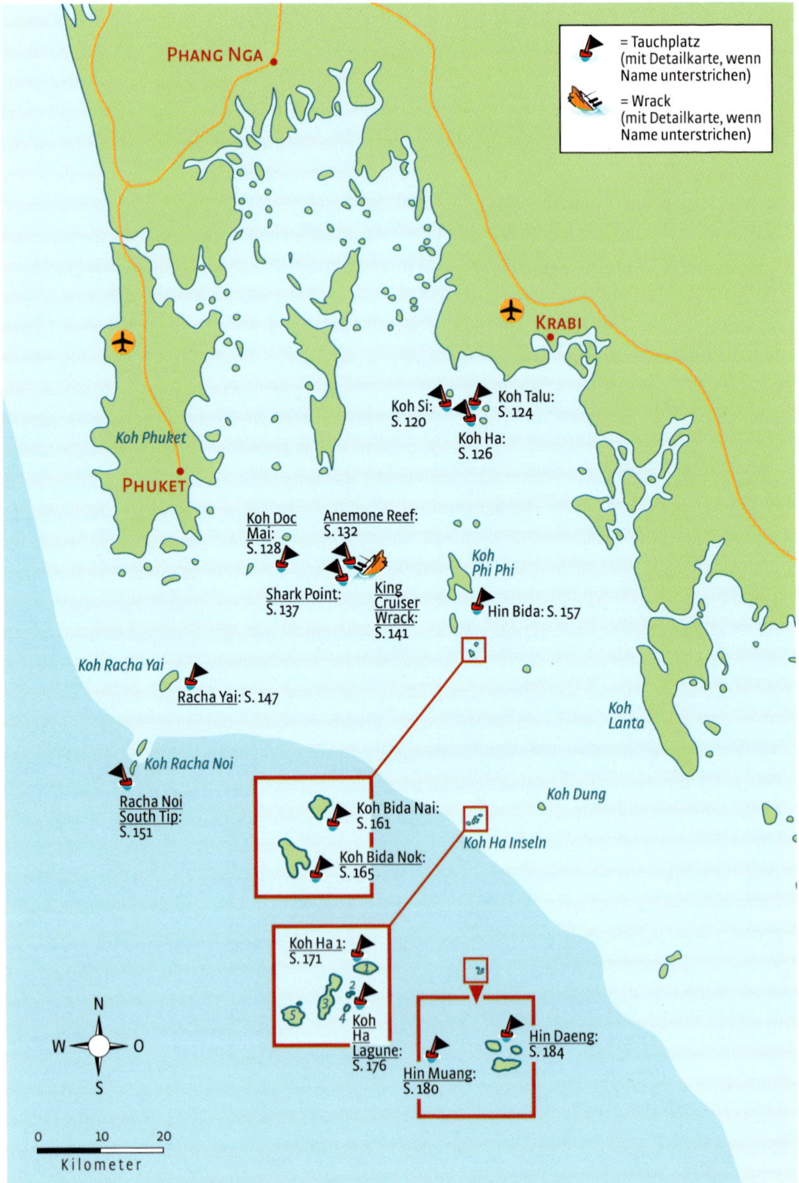
= Tauchplatz (mit Detailkarte, wenn Name unterstrichen)
= Wrack (mit Detailkarte, wenn Name unterstrichen)
PHANG NGA
KRABI
Koh Phuket
PHUKET
Koh Si: S. 120
Koh Talu: S. 124
Koh Ha: S. 126
Koh Doc Mai: S. 128
Anemone Reef: S. 132
Shark Point: S. 137
King Cruiser Wrack: S. 141
Koh Phi Phi
Hin Bida: S. 157
Koh Racha Yai
Racha Yai: S. 147
Koh Racha Noi
Racha Noi South Tip: S. 151
Koh Lanta
Koh Dung
Koh Bida Nai: S. 161
Koh Bida Nok: S. 165
Koh Ha Inseln
Koh Ha 1: S. 171
Koh Ha Lagune: S. 176
Hin Muang: S. 180
Hin Daeng: S. 184
N
W
O
S
0
10
20
Kilometer

Nacktschnecke

Ao Nang: Entspanntes Tauchen

Der Küstenort Ao Nang bei Krabi bietet zahlreiche Hotels – und besonders an der Strandpromenade außer vielen Souvenirgeschäften auch etliche Tauchschulen. Kein Wunder, denn ein Blick aufs Meer fällt auf rund ein Dutzend Felseninseln. Dort sind die lokalen Tauchplätze. Im Gegensatz zu Revieren bei Phi Phi und Phuket, die von hier in Tagestouren angelaufen werden, geht es per Halbtagesfahrt zu den vorgelagerten Inseln. Longtail-Boote brauchen maximal 45 Minuten dorthin.

Der Vorteil, den die Tauchplätze vor Ao Nang bieten – es handelt sich um leicht zu betauchende Anfängerreviere für jeden Ausbildungsstand –, wird natürlich von erfahrenen und entsprechend anspruchsvollen Tauchern eventuell als Nachteil empfunden. Steilwände, die auf 30 m hinunterreichen, oder weitläufige Riffe für Strömungstauchgänge sucht man hier vergebens. An den Inseln kommen Taucher selten tiefer als 15 bis 20 m.

Dafür allerdings warten die Reviere, wie etwa Koh Ha, mit einem überaus reizvollen Hartkorallenwuchs auf. Auch im Makrobereich ist einiges zu sehen. Dass sich Hochseebewohner eher selten dorthin verirren, wird dadurch zumindest teilweise wettgemacht. Trotzdem ist auch hier der Leopardenhai zu Hause, und selbst eine Begegnung mit einem Walhai ist nicht auszuschließen.

An Land zeigt sich Ao Nang mit vielen Souvenirläden, T-Shirt-Shops, Restaurants und Bars recht lebhaft. Das Hotelangebot ist breit gefächert: Vom luxuriösen *Krabi Thai Village* bis zur »Bed & Breakfast«-Unterkunft in Strandnähe ist (fast) alles möglich.

Info

Im Ganzen gestalten sich die Tauchgänge vor Ao Nang sehr entspannt. Wer seinen Thailandurlaub mit ein paar schönen, ruhigen Tauchgängen garnieren will, ist hier richtig.

Phuket: Top-Spots mit Wrack

Im Südosten der Insel Phuket liegt die Chalong Bay. Sie ist Ausgangsort für Ausflüge zu einigen der besten Tauchplätze der Region. So müssen sich das *Anemone Reef* und der *Shark Point* keinesfalls hinter Tauchrevieren wie den Similans verstecken. Mit ihrem ausgeprägten Korallenbewuchs, großen Schwämmen und einem beeindruckenden Fischreichtum sind sie so eindrucksvoll, dass Taucher dort mit Sicherheit mehr als nur einen Abstieg während ihres Urlaubs einplanen können. Dazu befindet sich ganz in der Nähe die untergegangene Fähre *King Cruiser*. Als das Schiff im Mai 1997 auf das Anemone Reef auflief, konnten alle Passagiere rechtzeitig in Sicherheit gebracht werden. Übrigens legen auch die Boote der Tauchbasen an der Westküste von Phuket – Patong Beach, Kata, Karon oder sogar weiter nördlich – in der Chalong Bay ab, wenn die Gebiete östlich von Phuket angelaufen werden.

Im Gegensatz zu Phi Phi Island, wo der Tsunami im Dezember 2004 ebenfalls viele Opfer forderte, blieben Chalongs Küstenbereich und der dortige Hafen weitgehend verschont. Der Grund dafür liegt wahrscheinlich in der etwas zurückgesetzten, durch die zwei Landflanken geschützten Lage. Der alte Holzsteg, der bis dahin zum Teil wenigstens noch zu Fuß begangen werden konnte, ist nun allerdings endgültig Geschichte. Die modernen Tauchschiffe hatten aber schon vorher am neuen Ausleger festgemacht. Der ist so weit ins Meer gebaut, dass die Gäste vom Parkplatz mit kleinen Bussen zu ihren Schiffen gebracht werden.

Mit den nicht weit voneinander entfernt liegenden *Anemone Reef*, *Shark Point* und dem Wrack der *King Criuser* haben die Tauchbasen ein höchst abwechslungsreiches Portfolio im Programm. Im Grunde kann man hier alles erleben: Vom seltenen kleinen Krötenfisch, dem Leopardenhai bis hin zur Walhaisichtung ist allein an diesen drei Plätzen alles möglich.

Die Sichtverhältnisse schwanken auch im hiesigen Teil der Andamanensee. Mal herrschen 25 bis 30 m Sicht, zu anderen Zeiten kann diese sich auf nur 5 m oder gar weniger reduzieren. Solche extrem schlechten Bedingungen sind zwar die Ausnahme, bemerkenswert ist aber, dass sich die Verhältnisse schnell ändern können. Trübes Wasser heute bedeutet nicht, dass es morgen auch so sein wird. Von Phuket beziehungsweise während der Touren von Chalong kann man auch an den Plätzen um Phi Phi Island tauchen.

Info

Wer für seinen Tauchurlaub die Insel Phuket als Wohnort ausgewählt hat, ist nicht zwingend auf die Touristenzentren an der Westküste angewiesen. Wem zum Beispiel Patong Beach mit seinem Angebot vornehmlich für Nichttaucher zu viel Trubel bietet und wer nicht unbedingt einen Strand vor der Tür braucht, findet abseits der bekannten Hotel-Orte sehr schöne Alternativen wie etwa das Palm Garden Resort *in Chalong.*

Rechte Seite Die *King Cruiser* sank 1997.

Großer Zackenbarsch

Koh Lanta: Legendäre Plätze in Schlagdistanz

Für nicht wenige Taucher spielen das Ambiente an Land und die Atmosphäre im Urlaubsort eine bedeutende Rolle, wenn es darum geht, ein geeignetes Quartier zu buchen. Um es gleich zu sagen: Das Nachtleben in Saladan ist nicht mit dem an der Westküste von Phuket zu vergleichen. Wer es wirklich beschaulich mag, wird sich auf Koh Lanta wohl fühlen. Obwohl auch hier – wenngleich wenige – luxuriös gestaltete Resorts zu finden sind, gilt Lanta unter den üblichen touristischen Aspekten als vergleichsweise verschlafen.

In Sachen Tauchen spielt Koh Lanta dagegen in der ersten Liga. Bereits am Horizont vor der Westseite sind schemenhaft die Felsen der Inselgruppe Koh Ha zu erkennen. Sie haben jedoch nichts mit dem gleichnamigen Platz bei Ao Nang zu tun – weder im Aussehen noch unter Wasser.

Die meisten Tauchbasen findet man im Norden, im kleinen Ort Saladan. Hier ist auch die Hotelauswahl auf einem überschau-

Die Koh-Ha-Felsengruppe bei Koh Lanta

baren Gebiet am größten. Nicht weit vom Fähranleger – man gelangt vom Festland mit zwei kurzen, nur mehrere Minuten langen Transfers nach Koh Lanta – fahren auch die Tauchboote hinaus. Das Tauchen vom Longtail-Boot spielt auf Koh Lanta keine Rolle. Zu attraktiv, zu vielseitig sind die Plätze, die von den großen Tauchschiffen angelaufen werden. So dauert die Fahrt nach Koh Ha beispielsweise rund 90 Minuten. Die legendären Plätze *Hin Daeng* und *Hin Muang* werden zu Recht auf eine Stufe mit dem *Richelieu Rock* nördlich der Similans gestellt. Koh Lanta ist dabei der ideale Ausgangsort, um die beiden exzellenten Tauchreviere – *Hin Daeng* darf man getrost zu den Top Ten in Südostasien zählen – im Rahmen einer Tagestour zu erreichen.

Die Fahrtdauer von Saladan beträgt ungefähr drei Stunden, dafür wird an exponierten Stellen im Meer getaucht. Unglaubliche Fischvielfalt und ein starker Korallenwuchs zeichnen beide Plätze aus. Durch ihre Lage kommen immer wieder neugierige Hochseebewohner hierher.

Info

Taucher sind in der Nähe von Saladan im Norden Koh Lantas am besten aufgehoben. Hier gibt es mehrere Unterkunftsmöglichkeiten. In einigen, wie dem Lanta Island Resort, *befindet sich auch eine Tauchschule.*

Tauchen und Wohnen

Auf Phuket gibt es ohne Zweifel das breitestgefächerte Angebot an Unterkünften. Wer die Strandnähe sucht oder auf abendliche Unterhaltung in der Nähe seines Hotels Wert legt, wird die Westküste bevorzugen. Ruhiger geht es im Hinterland zu, in Chalong ist die Nähe zum Hafen für die Tauchschiffe ein weiterer Vorteil.

Tauchbasentipps

Dive Asia

1988 in Kata Beach als eine der ersten Tauchbasen in Phuket gegründet, steht Dive Asia heute unter der operativen Leitung von Jürgen Schenker und Benno Brandon. Die beiden deutschen Tauchlehrer bringen ihre Gäste mit den zwei großen Tauchschiffen *M/V Dive Asia I* und *M/V Dive Asia II* an die besten Plätze vor Phuket. Dabei sind Mehrtages- und Ganztagestouren im Programm.
Seit dem Jahr 2000 gibt es ein Ausbildungs- und Technikzentrum mit einem speziellen Trainingspool. Angebot für Nitrox- und Rebreathertauchen; ganzjährig geöffnet. Die PADI-5-Star-CDC-

Oben Das Tauchausflugsschiff *M/V Dive Asia I*
Linke Seite Der Trainingspool in der Dive-Asia-Tauchbasis

Basis von Dive Asia bietet den Gästen in Kata, Karon und Patong einen Bringservice vom und zum Hotel.
www.diveasia.com/tauchen

Sea Bees Phuket
Ebenfalls eine alteingesessene Tauchbasis, haben die Sea Bees von Holger Schwab ihren Stammsitz auf Phuket im Ort Chalong. An der kleinen Zufahrtsstraße zum Bootsanleger in der Chalong Bay gelegen, erreicht man den Hafen von hier in nur wenigen Minuten.
Die Tauchschule bildet nicht nur nach PADI aus, sondern bietet Kurse für Brevets von CMAS oder Barakuda an. Mit dem Tagesboot *M/V Excalibur* geht es zu den Plätzen im Osten und Süden von Phuket. Abhängig von der Saison werden mit der *M/V Marco Polo* hier oder an den Similans Mehrtagesfahrten unternommen.
Als eine der wenigen Tauchbasen verfügen die Sea Bees über ein eigenes Resort. Es liegt in Chalong nur fünf Minuten Fußweg von der Basis entfernt. Im Pool dort finden auch die ersten Lektionen des Anfängertauchkurses statt. *www.sea-bees.de*

Info

Direkt neben der Sea-Bees-Tauchbasis ist das Restaurant Anchor Inn *von Jackie und Poukie Sengchat. Neben einheimischer Küche stehen auch viele europäische Gerichte auf der Karte.*

EXCALIBUR II

Ao Nang

Im Zentrum und am Rande von Ao Nang finden sich Unterkünfte unterschiedlicher Art und Qualität. Eines der besten Häuser am Platz und deswegen für so manchen Urlauber erste Wahl ist das *Krabi Thai Village*. Es steht in ruhiger Lage kaum mehr als fünf Minuten von der Promenade entfernt und hat verschiedene Zimmerkategorien von den – bereits sehr ansprechenden – Standardzimmern bis hin zur äußerst eleganten De-Luxe Variante-*(www.krabithaivillage.com)*.

In Ao Nang gibt es mehrere deutsche und deutschsprachige Tauchbasen. Einige findet man an der Promenadenstraße längs des Ufers. Die Barakuda-Tauchbasis *Stingray Divers* von Christian Hautzinger liegt etwas vom südlichen Ende der Uferstraße entfernt *(www.stingray-divers.net)*.

Weitere Tauchbasen: Coral Diving *(www.coral-diving.com)*,
Poseidon Dive Center *(www.baracuda-tauchen.de)*

Manche Tauchbasen in Ao Nang ändern mit Beginn der Nebensaison ihre Angebote hinsichtlich der Ausfahrten. So können unter Umständen Touren zu weiter entfernten Tauchplätzen aufgrund

Info

An der Promenade ist die Auswahl an Restaurants groß und man wird Schwierigkeiten haben, eines besonders hervorzuheben – sie bieten alle hervorragende thailändische Gaumenfreuden. Es gibt aber auch italienische Restaurants und sogar eine italienische Eisdiele.

nicht ausreichender Teilnehmerzahlen auch schon mal ausfallen. Im Zweifel sollte vor Reiseantritt in der Nebensaison mit der Tauchschule diesbezüglich Kontakt aufgenommen werden.

Koh Lanta

Die Insel liegt ungefähr 70 km südlich von Krabi am östlichen Rand der Phang Nga Bay. Sie erstreckt sich mit einer Länge von 27 km in nordsüdlicher Richtung. Eine Kette von Hügeln und kleineren Erhebungen zieht sich fast über ganz Koh Lanta, das zum Teil mit dichtem tropischem Regenwald bedeckt ist. Die Strände, für die Koh Lanta berühmt ist, befinden sich auf der Westseite und reichen im Norden bis an die Stadt Saladan. Hier sind auch mehrere Resorts. Neben dem noblen *Chada Beach Resort (www.chadabeachresort.com)*, einem Haus der gehobenen Kategorie

Vorhergehende Doppelseite Im Pool **(links oben)** und an Bord der *Excalibur*, dem Tauchschiff der Sea Bees Pukhet **(links unten)** das exklusive *Krabi Thai Village* **(rechts unten)**
Rechts Das Koh Lanta Diving Center

Ein empfehlenswertes Hotel ist das *Lanta Island Resort*.

mit Koh Lantas größtem Swimmingpool, empfiehlt sich vor allem das preiswerte und ebenfalls ganzjährig geöffnete *Lanta Island Resort*. Die Anlage mit ihren hübschen Gartenbungalows liegt direkt am Meer. Restaurant und Bar bieten allabendlich den Ausblick auf den Sonnenuntergang *(www.lantaislandresort.com)*.
Gleich neben dem Hotelrestaurant am Strand hat das Koh Lanta Diving Center von Christian Mietz eine Zweigstelle. Der Hauptsitz der Tauchschule ist in Saladan, wo unmittelbar hinter der Basis das Tauchboot abfährt. Christian Mietz, Buchautor und Thailandkenner par excellence, führt mit seinen Schiffen Tages- und Zweitagestouren durch, die beide zum Beispiel bis nach Hin Daeng und Hin Muang führen *(www.kolantadivingcenter.com)*.

Ein Tauchausflugsboot des Ko Lanta Diving Center

Koh Si

★ circa 4 km südwestlich von Ao Nang
30-minütige Fahrt mit Longtail-Boot
5–15 m
10–25 m
keine bis mäßig starke Strömungen möglich
Halbtagestour, auch für Schnorchler sehr gut geeignet
Anfängergebiet

Als Koh Si wird eine aus drei Erhebungen gebildete Felsengruppe bezeichnet, die unter der Wasseroberfläche zusammenhängt. An einer Stelle kann man zwischen zwei der Erhebungen ohne Probleme von einer Seite der Felsengruppe auf die andere tauchen. So können Taucher mit einem nicht allzu hohen Luftverbrauch durchaus »eine Runde drehen«.

Der Vorteil der Inseltauchreviere besteht darin, dass die relativ kleinen Longtail-Boote bei Wind und Wellen einfach auf der dem Wind abgewandten Seite (Lee) ankern können. Unter Wasser kann dann problemlos entschieden werden, ob die Taucher an dieser Riffseite bleiben oder bei keiner oder nur schwacher Strömung auch auf die andere Inselseite tauchen.

Um die Formation von Koh Si herum hat sich ein Kranz aus Hartkorallen angesiedelt, der auf der Westseite besonders ausgeprägt ist. Geweih- oder Hörnchenkorallen erstrecken sich dabei über teilweise große Flächen. In den Verästelungen finden kleine Korallenfische Zuflucht. Dort ist aber auch das Jagdrevier von Muränen – und der schwarz-weiß geringelten und hochgiftigen Seekobra.

Das Tauchrevier von Koh Si ist ein echtes Anfängerrevier und weist bis auf eine zuweilen mögliche, aber wenn, dann meist nur mäßige Strömung keinerlei Schwierigkeiten auf. Die Tauchtiefe an der Korallengrenze zum Sand beträgt knapp 15 m, sodass auch von daher keine hohen Anforderungen an den Taucher gestellt werden.

Rechts Die Seekobra ist extrem giftig, aber zum Glück nicht aggressiv.
Rechte Seite Auge eines Kugelfischs **(oben)** Kuhls Stechrochen hat Ähnlichkeit mit einem Blaupunktrochen **(unten)**.
Nächste Doppelseite Koh Si besteht aus drei Felstürmen, die unter der Oberfläche ein Massiv bilden.

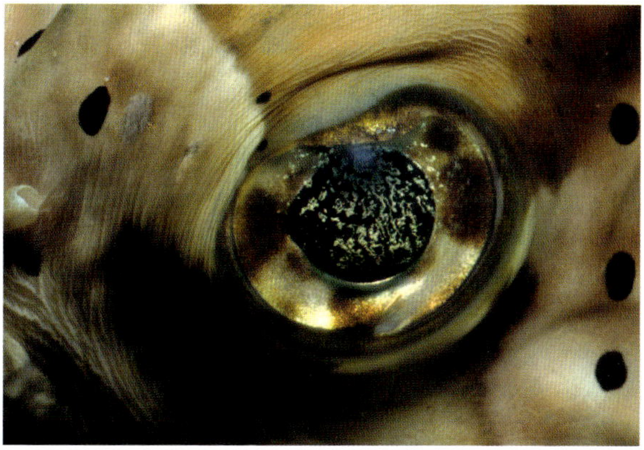

Obwohl eindeutig als Anfängerrevier einzustufen, wartet Koh Si mit einer Vielzahl von interessanten Meeresbewohnern auf. An den Südausläufen stehen sogenannte Fass- oder Becherkorallen, zwischen Schwämmen wachsen zudem Peitschenkorallen. Kleine Stachelrochen gehören ebenso zur hier ansässigen Fauna wie mehrere Garnelenarten und verschiedene Spezies von Nacktschnecken. Selbst Seepferdchen leben hier.

Wer Muße hat und sich längere Zeit an einer Stelle aufhält, wird kleine Barrakudas sehen, die hier in Schwärmen durchziehen. Zudem trifft man auf diverse Schnapper und Korallenfische. Manchmal sind mit etwas Glück sogar Leopardenhaie an der Sandgrenze zu beobachten.

Sicherheitshinweis

Die schwarz-weiße Seekobra ist eine Schlange, deren tödliches Gift um ein vielfaches stärker ist als das jeder Schlange an Land. Allerdings sitzen ihre Giftzähne relativ weit hinten im Rachen und sie kann ihre Kiefer nicht so weit aufreißen wie andere Schlangen. Beim Menschen könnte sie einen Biss aber leicht zum Beispiel in die Haut zwischen Daumen und Zeigefinger oder auch ins Ohrläppchen setzen. Dazu kann es kommen, wenn man der Schlange in den Weg schwimmt, wenn sie nach dem Luftholen zügig wieder zum Meeresgrund schwimmen will. Da kein Gegengift greifbar sein wird, ist jeder Biss der Seekobra auf jeden Fall als äußerst gefährlich einzuschätzen.

Koh Talu

circa 4 km südwestlich von Ao Nang
30-minütige Fahrt mit Longtail-Boot
5–15 m
10–25 m
keine bis mäßige Strömungen möglich
guter Platz für Seepferdchen
Anfängergebiet

Die Insel Koh Talu ist von Grotten und Höhlen gekennzeichnet. Die große Passage von einer Seite der Insel zur anderen ist nur wenige Meter lang und so breit, dass auch Anfänger problemlos hindurchtauchen können. Ein zweiter Tunnel sollte ebenfalls kein Problem auch für wenig erfahrene Taucher darstellen. An der Westseite von Koh Talu sind viele Hartkorallen gewachsen. Auffällig auch hier die weitläufigen Felder von Hörnchenkorallen.

In der großen Passage ist der Grund kaum 10 m tief. Im Eingangsbereich an der Westseite und im Durchgang leben Seepferdchen. Sie halten sich bevorzugt an den Verästelungen der Gorgonenfächer fest. Zeitweise kann man mehr als ein halbes Dutzend dieser Tiere an Koh Talu finden.

Das Tauchrevier ist ein überschaubares, einfaches Anfängerrevier. Lediglich im Süden zieht sich der Korallenbewuchs von der Insel weg und Taucher sollten dort auf ihre Route achten.

Koh Talu erhebt sich als großer, einzelner Felsen.

Linke Seite Seepferdchen halten sich gerne an Gorgonenfächern fest.
Unten Im Süden erstreckt sich das Korallenfeld von der Insel weg.

Koh Ha

★ circa 5 km südwestlich von Ao Nang
35-minütige Fahrt mit Longtail-Boot
5–20 m
5–25 m
keine bis mäßig starke Strömungen möglich
viele verschiedene Hartkorallenarten
Anfängergebiet

Ko Ha liegt einige Hundert Meter westlich von Koh Si und ist die am weitesten entfernte under den Inseln vor Ao Nang. Das Eiland ist seinem Aussehen nach lediglich ein weiterer Felsen, der in die für Ao Nang typische Inselwelt passt. Die namensgleiche Inselgruppe südwestlich von Koh Lanta hat mit dem Koh Ha vor Ao Nang nichts zu tun.

Die Sichtweiten in den Gewässern um Koh Ha sind zuweilen eingeschränkt, das gilt dann jedoch auch für die meisten anderen Tauchplätze der Region. Ausgeprägt ist hier die Diversität der Hartkorallen. Dutzende verschiedener Arten wurden an Koh Ha identifiziert. Gorgonenfächer gibt es auch, aber im Vergleich zu den Hartkorallen sind sie eindeutig in der Unterzahl. Besonders beeindruckend sind einige große Becher- respektive Trichterkorallen: Zum Teil haben sie geradezu gigantische Ausmaße. Entsprechend zeigt sich die Tierwelt. Korallenfische wieseln umher, wenn auch nicht in auffällig großer Zahl. Nacktschnecken entdeckt man dagegen recht leicht.

Info

Tauchanfänger müssen besonders auf eine gute Tarierung achten, wenn sie über den Geweihkorallen schweben. Die sehr fragilen Gebilde vertragen keinerlei Belastung und brechen schon bei einer ungeschickten Berührung ab. Außerdem müssen in solchen Tauchsituationen herabhängende Instrumente wie das Finimeter an seinem Schlauch eng am Körper gesichert werden. Andernfalls kann es sich bei zu geringer Schwimmhöhe über den Korallen in deren Verästelungen verfangen und sie ebenfalls abbrechen.

Oben Trichterkorallen erreichen stattliche Ausmaße.
Unten Eine der bekanntesten Korallenarten ist die in die Breite wachsende Tischkoralle.
Linke Seite Koh Ha bei Ao Nang hat mit der Inselgruppe Koh Ha bei Koh Lanta nur den Namen gemein.

Koh Doc Mai

Die »Blumeninsel« – so die Bedeutung des thailändischen Namens – wird in nur knapp einer Stunde Fahrtzeit mit den Booten der Tauchbasen von der Chalong Bay aus erreicht. Das Revier ist unter anderem deswegen ein sehr beliebter Tauchplatz, weil bei nahezu jeder Wetterlage und Windsituation ein Steilwandtauchgang möglich ist.

Im Osten und besonders im Norden der Insel fällt der Felsen steil auf letztendlich 30 m ab. An ihrer Westseite geht es etwas sanfter in die Tiefe. Dort wachsen auf dem Meeresboden in ungefähr 15 m mehr Hartkorallen. Dennoch bevorzugen viele Taucher die Ostseite. Das mag auch an den Höhlen hier liegen. Eine davon ist größer und hat ihren Eingang bei 18 m Tiefe. Sie liegt im Süden der Ostwand. Eine kleinere, deren Eingang sich etwa auf 22 m Tiefe befindet, liegt ziemlich genau an der Hälfte der Ostwand. Das Eindringen in die Höhle ist nicht ratsam. Die Insel besteht aus Karstgestein, und Höhlentauchgänge in solcher Umgebung sollten erfahrenen Höhlentauchern vorbehalten bleiben.

Kaum zu erkennen: der Anglerfisch

Koh Doc Mai auf einen Blick

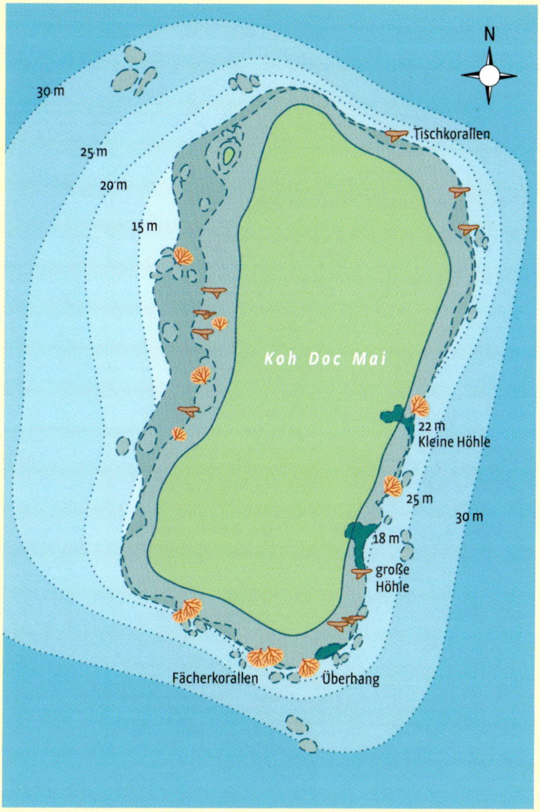

etwa 15 km östlich von Phuket

Ganztagestouren von Chalong Bay/Phuket

5–30 m

5–25 m

schwache bis mäßige Strömung

schön bewachsene Steilwände, fantastisches Makro-Revier

für Taucher mit etwas Erfahrung

Die Wand ist zum Teil dicht mit Korallen und Schwämmen bewachsen. In vor der Strömung geschützten Felsnischen stehen an einigen Stellen Geisterpfeifenfische senkrecht und oft parallel zu den Korallenstämmen im Wasser. Sie zu entdecken ist meist ein Geduldsspiel, denn häufig sind sie genauso gefärbt wie die Korallenäste in ihrer Umgebung.
Nacktschnecken sieht man dagegen wesentlich häufiger und in verschiedenen Arten. An schattigen Stellen sollte auch nach Tanz-

Info

Eine Unterwasserlampe mitzuführen ist hier immer ratsam.

garnelen Ausschau gehalten werden. Unterwasserfotografen haben es manchmal schwer, sie abzulichten. Denn diese Garnelenart springt gern schnell und in kurzen Abständen von einem Fleck zum anderen – sie »tanzt«.
So manche Überhänge sind die Heimat von Glasfischen, die in vielzähligen Schwärmen leben. Im Scheinwerferlicht drängen sie sich dicht zusammen, sodass sie fast wie eine Wand aus kleinen Fischleibern erscheinen.
Nicht zuletzt ist Koh Doc Mai ein guter Tauchplatz, um große Seepferdchen zu beobachten. Mit ihrer gelbschwarzen Farbgebung – im Englischen heißen sie deswegen »tigertail-seahorse« – sind sie jedoch zwischen Schwämmen und Korallen meist gut getarnt. Koh Doc Mai ist einer der besten Makro-Tauchplätze der Region. Man sollte sich Zeit nehmen und nicht zu schnell an der Wand entlangtauchen, um nichts von der Schönheit im Kleinen zu verpassen.

Rechte Seite Fast rund um die Insel sind Steilwände.
Unten Glasfische bilden dichte Schwärme.

Anemone Reef

Völlig zu Recht gilt das Anemonen-Riff als einer der besten Tauchplätze in ganz Thailand. Der Platz liegt rund 90 Minuten Bootsfahrt vom Hafen Chalong entfernt und ganz in der Nähe des Shark Point und des Wracks der untergegangenen Fähre *King Cruiser*. Der thailändische Name des Riffs lautet *Him Jom* und bedeutet »Unterwasserfelsen« – was den Nagel genau auf den Kopf trifft. Den Kern des Anemonen-Riffs bildet nämlich ein Karstfelsen, der

Anemone Reef auf einen Blick

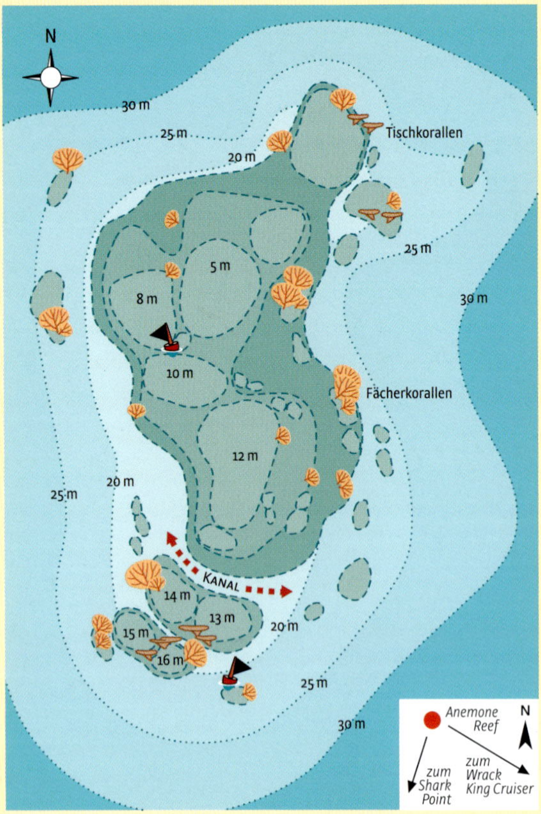

- *etwa 26 km östlich von Phuket*
- *Ganztagestouren von Phuket, Ao Nang, Phi Phi und Koh Lanta*
- *5–30 m*
- *5–30 m*
- *schwache bis starke Strömung*
- *großer Fischreichtum*
- *für Taucher mit etwas Erfahrung*

Anemonenfisch am Anemonen-Riff

sich aus rund 30 m Tiefe erhebt und bis ungefähr 4 m unter die Wasseroberfläche ragt. Dort endet er in Form eines Plateaus.
Auch der englische Name *Anemone Reef* und seine deutsche Übersetzung sind jedoch durchaus zutreffend: An vielen Stellen wachsen Anemonen und leben in Symbiose mit den Clown- oder Anemonenfischen.
Bekannt ist der Tauchplatz auch für seinen ungeheuren Fischreichtum. Kleine und große Schwärme verschiedener Schnapperarten trifft man hier genauso wie Füsiliere und schnelle Schwimmer, darunter Barrakudas und gelegentlich sogar größere Thunfische.
Zwar gilt das nur 300 m entfernte Revier des *Shark Point* als noch besserer Tauchplatz, zumindest was den Korallenwuchs betrifft,

Info

Am Anemonen-Riff lohnt es sich immer, auch in schmalen Nischen im Fels und zwischen Korallenästen nach kleinen Meeresbewohnern Ausschau zu halten.

Oben Putzergarnele in Tonnenschwamm **Vorhergehende Doppelseite** Erst im Licht der Taucherlampen zeigt sich die ganze Farbenpracht.

aber farbenfrohe Schwämme und der mit bunten Weichkorallen bewachsene Fels des Anemonen-Riffs verwandeln die Szenerie im Schein der Taucherlampen auch hier in ein lebhaftes Ambiente. Am Fuß des Felsens liegen nicht selten mehrere Leopardenhaie im Sand. Selbst eine Walhaibegegnung kann hier erlebt werden.

Besonders die östlichen Partien des Felsens sind zum Teil mit ausladenden Gorgonenfächern besiedelt. Große Tonnenschwämme stehen dagegen mit Vorliebe auf etwas tieferem Grund. Ein Blick in ihre Öffnung lohnt immer: Manchmal warten dort Putzergarnelen auf ihre Kundschaft.

Der optimale Tauchgangsverlauf am Anemonen-Riff beginnt mit dem Abstieg auf die größte geplante Tiefe. Von dort kann man je nach Strömung rund um den Felsen nach oben tauchen oder im Strömungsschatten wieder aufsteigen.

Am Anemonen-Riff ist vieles möglich: von der Walhaibegegnung bis zur Beobachtung von Seepferdchen, Geisterpfeifenfischen und anderen Attraktionen der See.

Shark Point

Dieser Name ist Programm: In der Tat haben unter anderem die häufigen Sichtungen von Leoparden- und anderen Haien dem *Shark Point* diese Bezeichnung eingebracht. Bei Tauchern ist er aber auch deswegen so beliebt, weil hier ein außergewöhnlicher Korallenwuchs entstanden ist. Der Shark Point liegt nur etwa 300 m vom Anemone Reef und vom Wrack der *King Cruiser* entfernt, daher beträgt die Fahrtzeit von Chalong hierher ebenfalls

Shark Point auf einen Blick

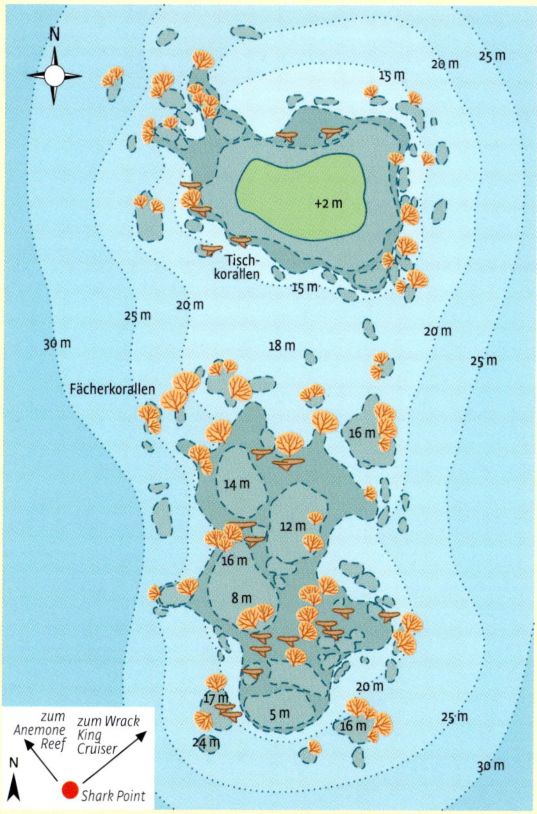

etwa 26 km östlich von Phuket

Ganztagestouren von Phuket, Ao Nang, Phi Phi und Koh Lanta

3–25 m

5–25 m

schwache bis starke Strömung

starker Korallenwuchs, häufig Leopardenhaie

bei geringer Strömung auch für Anfänger, sonst für Taucher mit etwas Erfahrung

Der Shark Point liegt in der Nähe des Anemonen-Riffs. **Rechte Seite** Auge und Atemloch eines Grauen Bambushais

rund 90 Minuten. Im Gegensatz zum benachbarten Tauchrevier ragt der Shark Point aus dem Wasser und wird durch ein kleines Leuchtfeuer markiert.

Hin Mu Sang, wie der Shark Point in der Landessprache heißt, ist seit 1992 Naturschutzpark und wird von zwei fast komplett mit Korallen überwucherten Felsformationen gebildet. Das schon von Weitem erkennbare Leuchtfeuer steht auf dem nördlichen der beiden Felskomplexe. Sie liegen in einem Abstand von ungefähr 15 bis 20 m auf einer Nord-Süd-Achse und werden durch einen circa 18 m tiefen, sandigen Abschnitt getrennt. Außer in diesem Kanal erreicht der Meeresgrund um die beiden Blöcke herum eine Tiefe von etwa 25 m und mit größerem Abstand bis 30 m und mehr. Die meisten Tauchgänge beginnen mit einem Abstieg an einem der beiden Blöcke und enden mit dem Aufstieg am anderen Felsen.

Gibt es keine festen Vorgaben des Tauchguides, kann es durchaus sinnvoll sein, den Tauchgang nur an einem der Blöcke zu absolvieren. Sie sind beide groß genug, und es leben dort viele Fische und Kleintiere in den Korallenlandschaften – es gibt also genug zu sehen, um dort längere Zeit zu verbringen. Gute Chancen bestehen für die Sichtung von Garnelen, Nacktschnecken, Seepferdchen und Geisterpfeifenfischen. Schwimmer des Freiwassers wie Barrakudas oder Fledermausfische kommen natürlich ebenso in diesem Tauchrevier vor wie Zackenbarsche, Drachenköpfe, Rot-

Sicherheitshinweis

Taucher sollten weder Leopardenhaien noch anderen Haien den Fluchtweg versperren. In solchen Situationen können auch harmlose Haie zum Angriff übergehen und den Taucher attackieren. Der Biss an sich ist zwar nicht unbedingt gefährlich, aber in vielen Fällen verbeißen sich Ammen- und Leopardenhaie und lassen nicht mehr los. Es ist nachweislich ein Fall bekannt, wo sich ein junger Leopardenhai in der Bänderung des Jackets eines Tauchers verbissen hat. Der Gurt des ADV-Jackets musste unter Wasser zerschnitten werden, da der Hai seinen Biss nicht löste. Passiert das mit einem ausgewachsenen Tier, besteht für den Taucher Lebensgefahr.

Muräne

feuerfische oder Muränen. An Putzerstationen lassen sich Fische besonders gut beobachten, da sie hier weit weniger Fluchtreaktionen zeigen als sonst.

Mit ein wenig Glück bekommt man rund um die beiden Felsformationen nicht nur Leopardenhaie zu sehen. Diese werden, wie meist üblich, am ehesten auf dem angrenzenden Sandgrund anzutreffen sein. Weitaus seltener, aber nicht weniger interessant ist der Graue Bambushai (zoologischer Name: *Chiloscyllium griseum*), der wie die Leoparden- und Ammenhaie gerne auf dem Meeresgrund liegt. Ebenfalls ein harmloser Vertreter seiner Gattung, versteckt er sich gerne in kleinen Höhlen oder unter engen Überhängen. Die Tiere sind in der Regel kleiner als Leopardenhaie und meistens einheitlich grau, manchmal auch bräunlich gefärbt. Im Schatten der Höhlen sind sie oft nur mithilfe von Lampen zu erkennen.

Wenn Strömung herrscht, sollte auf dem Weg von einem zum anderen Felsen dicht über dem Grund getaucht werden: Unter diesen Umständen müssen besonders Anfänger vermeiden, sich vom Riff zu entfernen, da man ohne Bezugspunkt – etwa bei reduzierter Sicht – leicht und schnell abgetrieben werden kann.

Wrack *King Cruiser*

Mit einer Länge von 85 m und einer Breite von 25 m ist die ehemalige Passagier- und Autofähre *King Cruiser* ein mittelgroßes Wrack. Gesunken ist das Schiff, das regelmäßig zwischen Phuket und Phi Phi pendelte, am 4. Mai 1997, nachdem es auf den unter Wasser bis fast zur Oberfläche ragenden Felsen namens *Him Jom* – Tauchern besser bekannt als Anemonen-Riff – aufgelaufen und leckgeschlagen war. Nachdem die Fähre, bereits mit Schlagseite, aber dennoch rechtzeitig und ohne Verluste an Menschenleben, evakuiert worden war, sank sie nicht sofort auf den Grund, sondern trieb noch eine Weile auf der Seite liegend dicht unter der Wasseroberfläche. Erst ungefähr eineinhalb bis zwei Stunden nach der Havarie ging die *King Cruiser* einige Hundert Meter vom Anemonen-Riff entfernt auf Grund. Später stellte man fest, dass das Wrack aufrecht auf dem Sandgrund steht. Von den rund 600 Menschen an Bord kam niemand ernsthaft zu Schaden. Es gab nur wenig Verletzte.

King Cruiser auf einen Blick

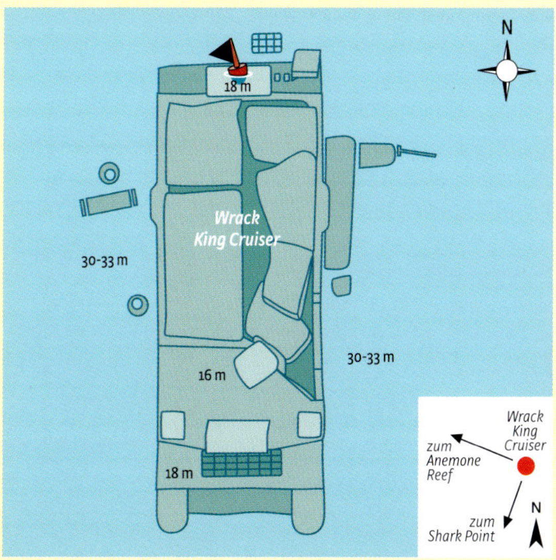

etwa 26 km östlich von Phuket

Ganztagestouren von Phuket, Ao Nang, Phi Phi und Koh Lanta

12–32 m

5–25 m

schwache, meist jedoch stärkere Strömung

Ab- und Aufstieg erfolgen an einer Bojenleine

bei guten Bedingungen oder unter Führung eines Tauchguides auch für Anfänger mit etwas Erfahrung

Sicherheitshinweis

An Wracks und somit auch an der King Cruiser *sollten stets die Tiefe und der Luftverbrauch im Auge behalten werden. Wenn die Route des Tauchgangs um Bug oder Heck herumführt, kann der Rückweg zur Aufstiegsleine bei einer Gegenströmung schnell beschwerlich werden. Wer sicher sein will, verfährt nach der »Drittelregel« und plant ein Drittel des Luftverbrauchs für den Hinweg ein, tritt dann den Rückweg an, verbraucht dabei im optimalen Fall das zweite Drittel und hat das letzte Drittel des Luftvorrats als Reserve.*
Das gilt unabhängig davon, ob in Laderäume getaucht wird oder sich der Tauchgang darauf beschränkt, das Wrack außen anzuschauen.

Die *King Cruiser* wurde im japanischen Kobe gebaut und verfügte über vier Decks. Ihr höchster Punkt ist die ehemalige Brücke. Hier, in etwa 12 m Wassertiefe, starten die meisten Exkursionen zu den tiefer gelegenen Partien nach einem Abstieg an einer Leine, und hier enden sie auch wieder für den abschließenden Aufstieg.
Wer an der *King Cruiser* taucht und durch die Ladedecks schwimmen möchte, sollte sich unbedingt zuvor bei den Verantwortlichen der Tauchbasen nach dem aktuellen Zustand der Decks erkundigen. Denn seit dem Jahr 2003 leidet das aus Stahl gebaute Schiff zunehmend unter Verfall. Zwar scheint es an vielen Stellen einfach, durch die großen Fensteröffnungen von einer Seite des Schiffs durch die Decks zur anderen zu tauchen, und dieser Ein-

druck wird durch den Umstand verstärkt, dass das Licht auf der anderen Seite zu sehen ist. Allerdings sind bereits Teile der Decks im hinteren Teil des Schiffs eingestürzt. Somit ist damit zu rechnen, dass die fortschreitende Korrosion die Struktur des Schiffs so schwächt, dass eine zunehmende Einsturzgefahr besteht. Bereits heute werden große Teile des Schiffsinneren als unsicher angesehen.

Das Wrack bietet Interessantes für Taucher jeden Ausbildungsstandes. Zuweilen herrschen jedoch schlechte Sichtbedingungen. In diesem Fall müssen besonders weniger erfahrene Taucher sicherstellen, dass sie die Aufstiegsleine sicher wiederfinden können. Die Reste der Brücke im oberen Tiefenbereich bis zu 15 m Tiefe kann man auch bei leichter bis mäßig starker Strömung betauchen. Wenn die Strömung in Richtung Bug/Heck oder umgekehrt verläuft, gibt es viele Aufbauten und Stellen an Deck, die immer Strömungsschatten bieten. Trifft die Strömung eher seitlich auf das Wrack, kann auf der strömungsabgewandten Seite außen am Schiff etwas unterhalb der Reling entlanggetaucht werden. Die geräumigen Decks in Tiefen von ungefähr 20 m lassen sich von Anfängern dagegen meist nur bei optimalen Bedin-

Linke Seite Die Fähre *King Cruiser* sank am 4. Mai 1997, nachdem sie auf ein Felsenriff gelaufen war – Foto: Sea Bees, Phuket **(oben)**.
An einigen Stellen kann man das Zwischendeck gut einsehen **(unten)**.
Folgende Doppelseite Das Wrack ist mit den Jahren zu einem Zuhause für viele Fische geworden.
Unten Auch in den oberen Tiefenzonen ist die *King Cruiser* ein attraktives Tauchziel.

Die stets gut getarnten Drachenköpfe werden leicht übersehen.

gungen eingehender erkunden. Beträgt die Sicht weniger als 10 m, besteht die Gefahr des Orientierungsverlusts. Wer gar zu den Schiffsschrauben am Meeresgrund hinuntertauchen will, muss sich unbedingt zuvor eine Übersicht hinsichtlich Luftverbrauch, Aufstiegszeit und Einbeziehung der Strömung in die Tauchgangsplanung verschaffen. Bei akzeptablen Bedingungen wird von der Mooring-Boje aus zuerst hierher getaucht und dann das Schiff nach oben hin erkundet. Bei schlechten Sicht- und schwierigen Strömungsverhältnissen sollte der Abstieg zu den Schrauben nur von Tauchern mit Erfahrung geplant werden.

Das marine Leben an und um das Wrack variiert. Während im Sandgrund manchmal Leopardenhaie gesichtet werden, sind in den Zwischendecks Schwärme kleinerer Fische zu beobachten. Auf dem Oberdeck leben Gruppen von Gelbstreifenschnappern und andere Vertreter dieser Gattung. Außerdem sieht es so aus, als hätten viele Kugelfische das Schiff zur Heimat erkoren. Besonders häufig scheinen Drachenköpfe und teilweise Rotfeuerfische vorzukommen. Im Makrobereich entdeckt man verschiedene Nackt- und Fadenschnecken. An einigen Stellen, zum Beispiel auch auf dem Oberdeck, haben sich Weichkorallen angesiedelt.

Racha Yai

Racha Yai, das nördlich seiner Schwesterinsel Racha Noi liegt, ist eine Insel mit ungefähr fünf verschiedenen Tauchrevieren an seiner Südostseite. Zwei weitere liegen östlich und westlich der Nordspitze und ein zusätzliches an der Westseite der Insel in der Bungalow Bay. Alle Tauchplätze liegen unmittelbar vor der Küste. Racha Yai gilt durch seine Lage als ideales Revier bei jedem Wetter. Denn an der Insel herrschen immer recht gute Sichtverhältnisse.

Racha Yai auf einen Blick

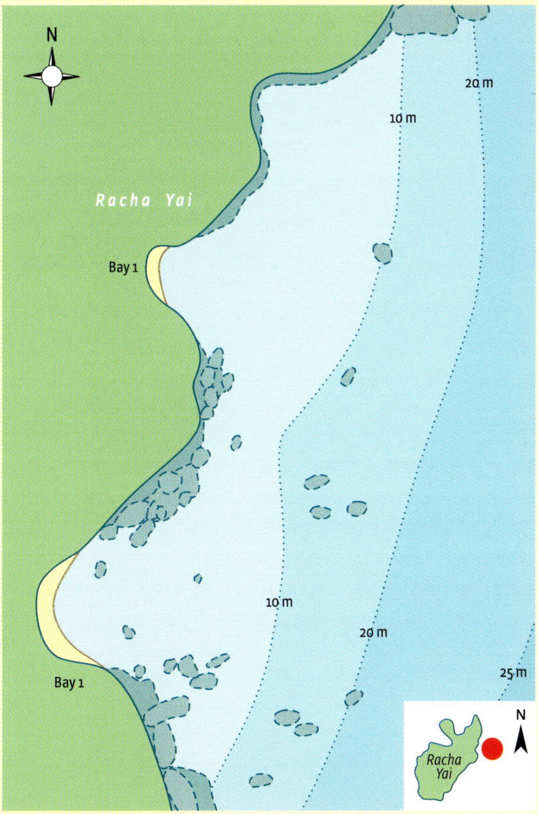

22 km südlich von Phuket

Mehrtages- und Ganztagestouren

5–35 m

10–30 m

schwache bis äußerst starke Strömung

Insel mit mehreren Tauchplätzen

für Anfänger

Sicherheitshinweis

In den vielen Buchten von Racha Yai sind gleich mehrere Mooring-Bojen verankert. Wenn in den flacheren Bereichen aufgetaucht wird, muss daher auf Bootsverkehr geachtet werden.

Der Titandrücker ist so etwas wie das heimliche Wahrzeichen von Racha Yai.

Das macht sie neben den moderaten Tiefen von durchschnittlich 10 bis 30 m zu einem Tauchgebiet für alle Erfahrungslevel.

Entlang der Ostseite, die genau genommen relativ geradlinig in südsüdöstlicher Richtung bis zum südlichsten Punkt von Racha Yai verläuft, zieht sich ein langes Saumriff. Hier wachsen Hartkorallen wie die sich über große Flächen ausdehnenden Geweihkorallen. Außerdem liegen längs der gesamten Küstenlinie im Sand Blöcke aus Steinkorallen. Besonders viele davon finden sich in der *Siam Bay* im Norden, zum Teil mit anderen Korallen bewachsen. Kaum tiefer als 15 m, eignet sich der Platz gut für Nachttauchgänge.

Während die Siam Bay westlich des Nordausläufers der Insel liegt, befindet sich das *Homerun Reef* östlich davon. Auch hier prägen die viel verzweigten Geweihkorallen weite Strecken der Rifflandschaft. Die für Taucher interessanten Tiefen liegen bei kaum mehr als 20 m, wo auch mehrere Granitfelsen zu finden

Die Siam Bay liegt im Norden von Racha Yai.

sind. Die typischen Korallenfische leben hier, darunter Doktor-, Papageien- oder Falterfische. An dieser exponierten Stelle können auch Bewohner des Freiwassers erscheinen, so etwa verschiedene Barrakuda-Arten, darunter auch die kleinen Gelbschwanz-Barrakudas oder die ähnliche Art *Sphyraena obtusata*. An diesem Riff können auch Strömungstauchgänge durchgeführt werden. Normalerweise ist die Strömung so moderat, dass ein solcher Tauchgang problemlos ist. Auf ungefähr 20 m liegen zwar die Reste eines Wracks, der Abstecher dorthin ist aber kein Muss.

Südlich des Küstenabschnitts, vor dem das *Homerun Reef* liegt, befinden sich in beziehungsweise vor fünf kleinen Buchten Tauchplätze, die jeweils einfach mit einer Nummer versehen worden sind. Die Tauchschulen führen den nördlichsten Spot als Bucht Nr. 1 und den südlichsten als Bucht Nr. 4. Die Tauchreviere gehen dabei jedoch sozusagen fließend ineinander über. So haben

Info

Der Bereich von Bucht Nr. 3 und Nr. 4 wird bei den Tauchschulen auch als Lucy's Reef geführt, während Nr. 4 und Nr. 5 als Huncy's Reef firmieren. An diesem Riffabschnitt liegen größere Felsblöcke in Ufernähe. Die Tiefe beträgt dort rund 10 bis 20 m. Auch hier kann eine gemäßigte Strömung einen entspannten Strömungstauchgang begünstigen. Dabei spielt es im Prinzip keine Rolle, in welcher Richtung längs der Küste diese Strömung verläuft, solange das Tauchboot den Tauchern folgt. In den Buchten selbst ist naturgemäß kaum etwas von der Strömung zu bemerken.

einige Abschnitte, wie jener, der Teile von Bucht Nr. 2 und Nr. 3 einschließt, auch den Namen *Staghorn Reef*. »Staghorn corals« ist der englische Begriff für Geweihkorallen, und so charakterisiert der Riffname das Bild unter der Wasseroberfläche. Viele Schnapper, Füsiliere und die auch hier immer wieder vorbeiziehenden Gelbschwanz-Barrakudas beleben das Riff. Im Kleinen wird man natürlich die typischen Korallenfische sehen sowie viele verschiedene Nacktschnecken und Garnelen entdecken.
Straßenkehrer bilden an diesen Küstenabschnitten große Schulen. Rotfeuerfische schweben dicht über den Korallen, und Falterfische ziehen auch hier meist paarweise durchs Riff.

Racha Noi South Tip

An der Südspitze von Racha Noi, der Insel ungefähr 10 km südöstlich von Racha Yai, zieht sich die felsige Landzunge unter Wasser weiter hinaus und bildet ein Plateau. Der Tauchplatz wird von vielen Tauchschulen daher sowohl als *South Tip* als auch unter dem Namen *Plateau* geführt. Am Ende des Ausläufers erheben sich dicht beieinander drei Felsen von der rund 16 m tiefen Platte. Der größte reicht bis auf 9 m hinauf, die anderen erreichen Tiefen

Racha Noi South Tip auf einen Blick

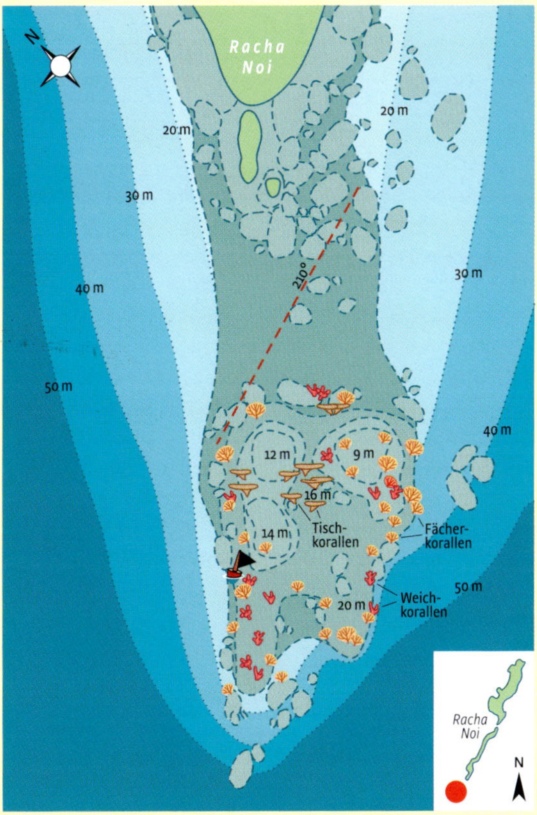

rund 32 km südlich von Phuket, rund 10 km südsüdwestlich von Racha Yai

mehrtägige Tauchkreuzfahrt, Ganztagestouren

10–40 m und mehr

10–35 m

starke bis äußerst starke Strömung

Tauchrevier mit großer durchschnittlicher Tiefe

nur für erfahrene Taucher

Mantas kommen im Januar und Februar nach Racha Noi.

Sicherheitshinweis

Starke Strömungen und die im Durchschnitt große Tiefe setzen für den Tauchplatz South Tip eine akkurate Tauchgangsplanung voraus. Grundsätzlich sollte er Tauchern mit Erfahrung vorbehalten bleiben; Anfänger können hier nur bei absolutem Strömungsstillstand ins Wasser.

von 12 und 14 m. Generell gilt für diesen Platz, dass relativ schnell große Tiefen erreicht werden, sobald man sich von den drei erwähnten Erhebungen zu den Außenseiten entfernt. In Verbindung mit der am *South Tip* meist kräftigen Strömung, sollte der Platz also nur von erfahrenen Tauchern besucht werden.

Das kleine Felsmassiv mit den drei Spitzen ist über und über von Weichkorallen bewachsen. Sie profitieren von dem Nahrungsreichtum der starken Strömung, aus der sie mit ihren Polypen das Plankton filtern. Wie bei vielen solchen Tauchrevieren hat sich eine abwechslungsreiche und teils dichte Meeresfauna angesiedelt. Neben den niederen Tieren wie Korallen und Schwämmen sind das unmittelbar am Riff vor allem kleine Korallenfische, wie Falterfische oder Fahnenbarsche.

Das reichhaltige Angebot an potenziellen Opfern lockt natürlich auch jede Menge Räuber an. Die verschiedenen Muränenarten gehören zweifelsohne zu den allzeit präsenten Jägern im Riff. Tagsüber verstecken sie sich meist halbherzig in kleinen Höhlen, meistens schauen die Tiere aber neugierig mit dem Kopf heraus. Das Aufreißen ihres Mauls ist dabei jedoch keine Drohgebärde: Sie stellen damit lediglich die Sauerstoffversorgung sicher, indem

Oben Kleine Muränen sind nicht weniger neugierig als ihre großen Verwandten.
Folgende Doppelseite Korallen haben sich in vielfältigen Formen entwickelt.

sie immer wieder Wasser durch ihre Kiemen strömen lassen. Dennoch sollte man sich nicht täuschen. Die muskulösen Tiere können blitzschnell zum Angriff übergehen, wenn sie sich bedroht oder bedrängt fühlen. Muränen werden zwar erst bei Dämmerung jagdaktiv, manchmal schwimmen sie aber auch tagsüber durch das Riff.
Vertreter der Familie der Skorpionsfische, also Drachenköpfe und Rotfeuerfische, gibt es hier natürlich auch. Besonders in Acht nehmen müssen sich Taucher vor dem hochgiftigen Steinfisch. Das gilt umso mehr, wenn man sich bei besonders starker Strömung an einem unbewachsenen Stück eines Felsens festhalten will. Steinfische sind derart gut getarnt, dass sie auf den ersten Blick oft nicht zu erkennen sind. Da sie sich auf ihre Tarnung und ihr Gift verlassen, kann es vorkommen, dass sie sich selbst dann nicht von der Stelle rühren, wenn man sich ihnen mit der Hand von oben nähert. Sie richten dann einfach ihre starken Rückenstacheln auf, durch deren Kanäle das Gift wie mit einer Spritze injiziert wird. Das Gift des Steinfischs kann tödlich wirken. Wenn sich ein Taucher in einer starken Strömung, wie sie am South Tip vorkommen kann, tatsächlich irgendwo festhalten muss, sollte er die Stelle

zuvor nach Möglichkeit sorgfältig geprüft und eindeutig als sicher identifiziert haben.

Der Tauchplatz ist prädestiniert für die Begegnung mit Haien. Im Sandgrund liegen die für ganz Thailand typischen Leopardenhaie, und manchmal schwimmen auch Schwarzspitzenriffhaie um das südliche Ende von Racha Noi. Aufgrund der exponierten Lage der Südspitze kommen nicht selten auch andere Hochseebewohner wie die schnellen Thunfische oder die Rainbow Runner hierher. Relativ stationär leben große Schulen von Barrakudas vor Racha Noi. Sie schwimmen regelmäßig am Riff entlang und bilden dabei oft einen gigantischen Kreisel. Ein ähnliches Schwarmverhalten kann man bei den Makrelen beobachten. Mantas und Adlerrochen besuchen das Riff vor allem in den Monaten Januar und Februar.

Am einfachsten ist der Platz zu betauchen, wenn der Abstieg über dem Plateau beginnt, auf dem die drei Erhebungen stehen. Aus ihrem Schutz heraus lässt sich die aktuelle Strömungssituation im Tauchrevier beurteilen. Außerdem ist die Stelle ein hervorragender Platz, um die Mantas zu beobachten, die gern in der Nähe ihre Kreise ziehen.

Rechte Seite Das unbewohnte Phi Phi Lee ist ein beliebtes Ziel für Taucher und Ausflügler.
Unten Kaum zu erkennen: der Steinfisch, dessen Gift auch für Menschen tödlich sein kann.

Hin Bida

Die *Phi-Phi-Gruppe* besteht aus sechs Inseln. Die Hauptinsel ist *Koh Phi Phi Don*. Dort gibt es mehrere Hotels und einige Tauchschulen. Einer breiten Öffentlichkeit bekannt geworden ist aber vor allem das unbewohnte, rund 6,5 km² große Phi Phi Lee, wo am Strand der Maya Bay Außenaufnahmen zum Film »The Beach« mit Leonardo di Caprio gedreht wurden. Hierher, aber auch nach Phi Phi Don, kommen viele Tagestouristen aus Phuket oder Koh Lanta. Seit 1983 ist die Phi-Phi-Inselgruppe als Nationalpark ausgewiesen.
Von Phuket benötigen Tauchschiffe ungefähr drei Stunden zum Phi-Phi-Archipel, die Fahrt von Koh Lanta oder Ao Nang ist 60 bis 90 Minuten kürzer. Schnellboote schaffen die Strecke in der Hälfte der Zeit.
Während einige Tauchreviere um Phi Phi Don und Phi Phi Lee als lokale Spots nur von den ansässigen Basen aufgesucht werden, gibt es auch Tauchplätze, zu denen die Schiffe der Basen von Ao Nang, Koh Lanta und Phuket kommen. Einer dieser Plätze ist *Hin*

circa 43 km westlich von Phuket, 35 km nordöstlich von Koh Lanta
Ganztagestouren von Phuket, Ao Nang und Koh Lanta, kurze Fahrtzeiten von Phi Phi Don
3–26 m
5–20 m
schwache bis mäßige Strömung
guter Platz für Leopardenhaie
für Anfänger mit etwas Erfahrung

Beilbauchfische lieben schattige Unterstände.

Bida, der von einigen Tauchschulen auch als *Phi Phi Lee Sharkpoint* geführt wird. Diese Bezeichnung stiftet allerdings eher Verwirrung, denn das Riff hat nichts mit dem gleichnamigen Tauchplatz in der Nähe des Anemonen-Riffs und des Wracks der *King Cruiser* zu tun (siehe Seite 141–146). Hin Bida ist vielmehr eine kleine Felsformation südsüdöstlich von Phi Phi Lee. Bei niedrigem Wasserstand ist ein kleines Stück der Felsnadel an der Oberfläche zu erkennen. Den Grundriss von Hin Bida kann man am ehesten als langgezogen bezeichnen. Der Meeresboden fällt an der Nordflanke bis auf eine Tiefe von ungefähr 15 und 16 m ab und grenzt dort an den Sandgrund. Der erreicht auch in einiger Entfernung vom Felsenriff kaum mehr als 21 m.

Die langgezogene Südseite von Hin Bida trifft ebenfalls bei etwa 16 m auf den sandigen Meeresboden, die maximale Tiefe in dieser

Richtung übertrifft aber kaum die 18-m-Marke. Weil vornehmlich an seiner Nordseite häufig Leopardenhaie anzutreffen sind, wird der Platz, wie erwähnt, von einigen Tauchbasen als Shark Point bezeichnet.

Verschiedene Arten von Hartkorallen und ein teilweise dichter Bewuchs von Weichkorallen verleihen dem Felsen Farbe. Falter- und Kaiserfische sorgen dazwischen für lebhafte Akzente. Bereits mit Beginn der Dämmerung entfalten sich viele Haar- oder Federsterne unterschiedlicher Couleur. Mit ihren krallenartigen Füßchen klammern sie sich an Gestein, aber auch an Korallen fest. Wer sich Zeit nimmt, wird feststellen, dass manche dieser Tiere trotz ihrer scheinbaren Unbeweglichkeit regelrecht auf Wanderschaft gehen. Dabei lohnt sich auch ein genauer Blick auf die Details: So leben zwischen den Krallen der Federsterne manchmal kleine, nur 2 oder 3 cm große Krebschen.

Zwar ist die Sicht in den Gewässern um Hin Bida oft nur mittelmäßig – durchschnittlich beträgt sie zwischen 10 und 15 m – aber dafür werden Taucher mit einer vielfältigen Population an Tieren entschädigt. Die Schnapper kommen hier sowohl als größere Einzeltiere solitär als auch in vielköpfigen Schulen kleinerer Exem-

Zwischen den Krallen einiger Haarsterne leben kleine Krebse.

Hin Bida ist bei Tauchern – und Leopardenhaien beliebt.

plare vor. Süßlippen stehen gerne länger an einer Stelle. Man sieht sie einzeln, aber auch in Gruppen. Einige Tiere suchen sich gerne Tischkorallen, um darunter wie unter einem Sonnenschirm die Umgebung zu beobachten.

Der Tauchgang an Hin Bida kann nach dem Abstieg in Sichtweite der höchsten Felsspitze, gegebenenfalls in deren Strömungsschatten, zum Fuß des Riffs führen. Wenn die Verhältnisse es erlauben, sollte man der Nordseite nach den Leopardenhaien Ausschau halten. Taucher berichten von diesem Platz immer wieder, dass gleich mehrere dieser Tiere zugleich dort zu sehen waren. Manchmal sind auf dem Sandgrund rund um Hin Bida auch größere Stachelrochen anzutreffen.

Süßlippen sind im Indopazifik weit verbreitet.

Koh Bida Nai

Die Fahrt zur Karstinsel Koh Bida Nai dauert von Phuket mit einem großen Tauchschiff ungefähr drei Stunden. Von Koh Lanta oder Ao Nang bei Krabi benötigt man etwa zwei Stunden, mit Schnellbooten verkürzt sich die Fahrzeit auf die Hälfte.
Ziemlich genau südlich der Südspitze von Koh Phi Phi Lee erhebt sich in rund 1 km Entfernung die kleine Felseninsel Koh Bida Nai. Im Norden zeigt sie eine fast halbrund geschwungene Küstenlinie, während sie im Süden relativ spitz zuläuft. Wenn man sich Bida Nai und ihrer Nachbarinsel *Koh Bida Nok*, die nur wenige Hundert Meter entfernt aus dem Meer ragt, nähert, sind die beiden schon von Weitem einfach auseinanderzuhalten. Die etwas kleinere Insel Bida Nai hat eine fast turmähnliche Erhebung und ist etwas höher. Das etwas südlicher gelegene Koh Bida Nok ist zwar ebenfalls steil aufragend, aber am höchsten Punkt eher gleichmäßig geformt und sieht aus der Ferne leicht kuppelförmig aus.
Unter Wasser unterscheiden sich ihre Riffstrukturen, obwohl die

etwa 43 km westlich von Phuket, rund 35 km nordöstlich von Koh Lanta, circa 30 km von Ao Nang
Ganztagestouren von Phuket, Ao Nang und Koh Lanta, kurze Anfahrtszeiten von Phi Phi Don
5–30 m
5–20 m
keine bis mäßige Strömung
Nachbarinsel von Koh Bida Nok
auch für Anfänger

Weichkorallen filtern Plankton aus der Strömung.

Links Um die Nordseite herum wachsen mehr Weich- und Fächerkorallen.
Rechts Becherschwämme werden deutlich über 1 m hoch.
Rechte Seite Bida Nai ist etwas kleiner als Bida Nok.

beiden Inseln so nahe beieinanderliegen. Der Meeresboden rund um Bida Nai ist bis auf einen Streifen längs der Nordseite fast überall mit unterschiedlich großen Felsblöcken gesäumt. Wo sie übereinanderliegen, haben sich an einigen Stellen kleine Höhlen gebildet. Eine solch tunnelartige Passage liegt östlich der Südspitze von Bida Nai in etwa 12 m Tiefe und kann sogar durchtaucht werden. Unweit davon steht am südlichsten Punkt des Riffs ein Fels, dessen Spitze auf etwa 10 m Tiefe liegt. Beinahe genau zwischen diesen beiden Punkten ist eine Mooring-Boje verankert.

Allerdings wird die Unterwasserlandschaft am Grund nicht nur von Felsblöcken geprägt. Beinahe die gesamte Südhälfte der Insel ist von einem Kranz aus verschiedenen Hartkorallenarten umgeben. Neben Geweihkorallen ist zum Beispiel auch die kleinpolypige Hartkoralle (*Montipora aequituberculata*) zu finden, eine sehr langsam wachsende Koralle. Tischkorallen fehlen natürlich auch nicht im Riff, die meisten davon dürften sich aber wohl in Höhe der Mitte der Ostküste angesiedelt haben. In diesem Bereich gibt es auch die meisten Geweihkorallen. Vor vielen Grotten und Überhängen stehen Wolken von Glasfischen. Es lohnt sich, in der Nähe nach Putzerstationen Ausschau zu halten, an denen auch sonst scheue Fische für eine Zeit lang stehen bleiben, wenn sich Taucher nicht zu hastig nähern.

Die Nordseite von Koh Bida Nai ist das Domizil von Weichkorallen, Gorgonenfächern und auch einigen großen Becher- oder Tonnenschwämmen. In dieser Region fällt der Grund ziemlich steil ab. Vom Fuß der Felswand erreicht der Meeresboden nach wenigen Metern bereits eine Tiefe von über 25 m und zieht sich dann rasch hinunter auf 30 m.

An der Ostseite mit dem großen Feld aus Geweihkorallen fällt der Sandgrund flacher ab. Während durch die Korallengebilde Kaiser- und Falterfische schwimmen, ist die sandige Zone ein bevorzugter Ruheplatz für Leopardenhaie.

Im Südosten der Insel steht vom eigentlichen Riff etwas getrennt eine kleine Felsengruppe. An drei Punkten reicht sie auf 14 beziehungsweise 16 m nach oben. Die Formation steht auf abfallendem Grund, und so zeigt der Tiefenmesser auf der inselzugewandten Seite circa 15 bis 20 m. Dort befindet sich die Verankerung einer weiteren Mooring-Leine. Auf der inselabgewandten Seite der Felsen werden fast 30 m Tiefe erreicht. Zum Teil sind die Steine

Info

Wenn der Felsenturm im Südosten in die Tauchgangsplanung einbezogen werden soll, empfiehlt es sich, dort den Tauchgang zu beginnen. Hier ist das tiefste Areal des Tauchreviers, und man kann sich anschließend an der Insel selber in geringeren Tiefen aufhalten und dort schließlich austauchen.

von Weichkorallen und einigen Fächergorgonen bewachsen, an der Spitze sitzen gar vereinzelte Peitschenkorallen.

Hier, ein kleines Stück entfernt von Koh Bida Nai, ist außerdem ein guter Punkt, um die großen Schulen von Barrakudas zu beobachten, die regelmäßig in Inselnähe durchs Freiwasser ziehen. Nicht ganz so häufig treten die Großaugenmakrelen in vergleichbarer Zahl in Erscheinung. Es sind auch immer wieder Schwarzspitzenriffhaie und zuweilen kleine Weißspitzenriffhaie an Bida Nai gesehen worden.

Das Leben im Makrobereich zeigt sich in Form vieler Nacktschnecken, und selbst Geisterpfeifenfische leben im Riff an der Insel. Beste Chancen, diese seltene Spezies zu entdecken, bestehen an oder besser: zwischen den Ästen der Weichkorallen an der Nordseite.

Falterfische ziehen meist paarweise durchs Riff.

Koh Bida Nok

Wie die gesamte Phi-Phi-Inselgruppe wird auch Koh Bida Nok von Phuket aus in rund drei Stunden erreicht. Von Koh Lanta oder Krabi dauert die Fahrt hierher ungefähr zwei Stunden. Die Nachbarinsel von Koh Bida Nai erhebt sich an den meisten Stellen in Form senkrechter Felswände aus dem Meer.

Das Szenario unter Wasser stellt sich ähnlich spektakulär dar. Mit Ausnahme der Südseite, wo sich eine kleine Bucht befindet,

Koh Bida Nok auf einen Blick

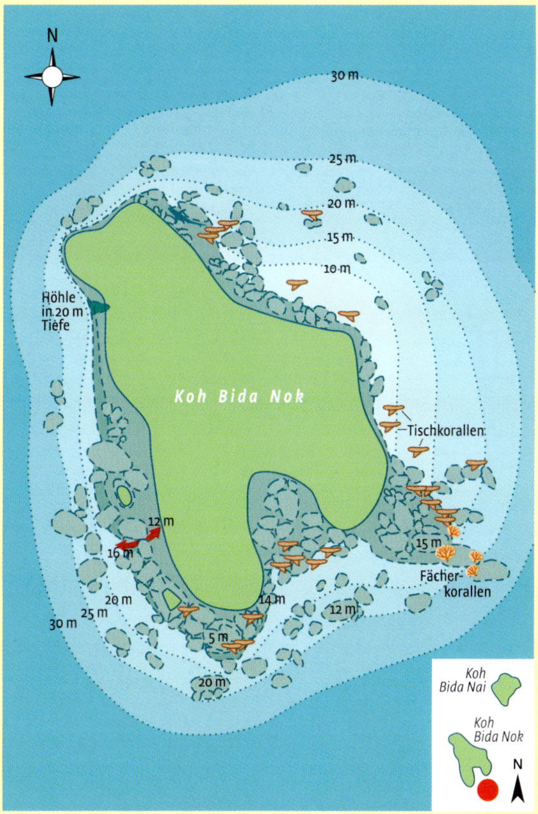

etwa 43 km westlich von Phuket, rund 35 km nordöstlich von Koh Lanta, circa 30 km südlich von Ao Nang

Ganztagestouren von Phuket, Ao Nang und Koh Lanta, kurze Anfahrtszeiten von Phi Phi Don

5–30 m

5–20 m

keine bis mäßige Strömung

gilt als schönster Tauchplatz der Phi-Phi Gruppe

auch für Anfänger

Sicherheitshinweis

Beim Erkunden des Eingangsbereichs der Höhle in Norden der Ostseite muss darauf geachtet werden, dass keine Schwebeteilchen aufgewirbelt werden. Ein weiteres Vordringen sollte jedoch wie stets bei solchen Gegebenheiten Tauchern mit Höhlenerfahrung vorbehalten bleiben.

fällt der Meeresboden zu Füßen der Insel auf kurzer Distanz recht steil in die Tiefe ab. Der deutlichste Steilabfall befindet sich an der Nordwestecke der Insel. Das Drop-off der Inselwand endet hier bei 20 m Tiefe. Von dort stürzt der Grund sofort weiter nach unten und überschreitet bald die 30-m-Marke. Die Wand ist großteils dicht an dicht mit Weichkorallen bewachsen. Taucht man mit dem Riff zur Linken um die Nordspitze herum, erkennt man nach einiger Zeit auf einer Tiefe von ungefähr 20 m eine kleine Höhle, die man aber nur in Begleitung eines Guides betauchen sollte. Wie an der Nordseite ist auch hier die Wand von bunten Weichkorallen und Gorgonenfächern bewachsen.

Längs der von Norden nach Westen verlaufenden Küstenlinie liegen unter Wasser viele kleine Felsen. Hier sinkt das Niveau des Meeresbodens weniger dramatisch ab. Die 25-m-Linie führt in geschwungenem Bogen mit etwas Abstand um die Westseite von Bida Nok herum, während dicht unterhalb der Wand Felsgeröll und Korallenblöcke liegen. An solchen Stellen halten sich gerne einzelne, große Schnapper auf. Manchmal verstecken sie sich

Oben Große Schnapper sind Einzelgänger – und haben ein kräftiges Gebiss.
Linke Seite Das Riff von Koh Bida Nok (links im Bild) gilt als schönstes Tauchrevier der Phi-Phi-Gruppe.
Folgende Doppelseite Wenn man sich fressenden Schildkröten mit Bedacht nähert, zeigen sie selten Scheu.

unter Tischkorallen und nehmen erst im letzten Moment vor Tauchern Reißaus. Unterhalb der Partie liegen oft Leopardenhaie im Sand. Es kommt des Öfteren vor, dass während eines Tauchgangs gleich mehrere der Tiere zu sehen sind. Außerdem liegen hier ab und zu auch Stachelrochen.

Im Südosten der Insel zieht sich unter Wasser eine Felsenzunge ein kleines Stückchen von Bida Nok weg. Durchschnittlich nur 15 m tief, ist es eine ideale Stelle, um dort eine längere Zeit zu verbringen. An den Seiten fällt der Grund mit zunehmendem Abstand zur Insel wieder ab. Über den bunt bewachsenen Felsen halten sich gern Schwärme kleinerer Fische auf. Daneben stehen hier die Chancen, eine Schildkröte anzutreffen, recht gut. Schildkröten fressen unter anderem Blasenkorallen. Wenn sie einmal eine Futterstelle entdeckt haben, lassen sie sich nur selten stören. Taucher kommen sehr nahe an die Tiere heran, wenn man sich ihnen langsam und ohne hektische Bewegungen nähert.

Westlich von der Felszunge liegt oberhalb der Wasseroberfläche die kleine Bucht von Koh Bida Nok. Auch unter Wasser folgt der

Verlauf des Grundes weitgehend der Küstenlinie. Im oberen Bereich 5 bis 6 m tief geht es im Auslauf der Bucht, dort wo die Felsen und Hartkorallen enden, auf ungefähr 15 bis 20 m. Nach einigen Metern stößt man in der Verlängerung der Achse der Bucht auf einen weiteren bunt bewachsenen Block, der bis auf 12 m nach oben geht. Es lohnt sich, dort zwischen den Korallenzweigen nach Geisterpfeifenfischen Ausschau zu halten. Wie an den anderen Stellen zeichnet sich das Riff auch hier durch einen ungeheuren Fischreichtum aus.

Wird von hier aus weiter im Uhrzeigersinn um die Insel herum getaucht, gelangt man zum südlichsten Punkt des Riffs. Hier steht eine kleine Felsnadel, deren höchste Stelle bei nur 5 m Wassertiefe liegt. Dem Grund bei 20 m folgend, stößt man auf weitere Korallenformationen.

Wie bei der Schwesterinsel Koh Bida Nai gibt es auch an Koh Bida Nok einen betauchbaren Tunnel an der Südwestspitze. An der Außenseite liegt die Öffnung in rund 16 m Tiefe, während die Passage auf der anderen Seite bei ungefähr 12 m endet.

Info

Bei Strömung empfiehlt sich ein Strömungstauchgang an der Westseite von Koh Bida Nok. Wenn sich die Gelegenheit ergibt und die Luft reicht, sollte aber unbedingt ein Besuch der Felszunge im Südosten eingeplant werden.

Junge Barrakudas schwimmen gern in großen Gruppen.

Koh Ha 1

Ungefähr eine Stunde Fahrt mit einem größeren Tauchschiff entfernt liegt westlich von Koh Lanta eine aus fünf kleinen Felseninseln bestehende Inselgruppe. Die gesamte Gruppe liegt auf einer Nord-Süd Achse und wird als Koh Ha bezeichnet. »Ha« steht im lokalen Dialekt der Region für fünf. Der Name entspricht nicht genau den Tatsachen, denn bei genauem Hinsehen gibt es noch einen Felsen, der als sechstes Eiland der Gruppe gelten könnte. Die allesamt unbewohnten Inseln haben – wie oft üblich in Thailand, man denke an die Similans – nicht nur thailändische Namen. Sie werden außerdem einfach mit fortlaufenden Nummern bezeichnet. Die Insel Nr. 1 ist jedoch, im Gegensatz zur Nummerierung der Similans, hier die nördlichste des kleinen Archipels. Ihre annähernd gleichmäßig langen Seiten liegen auf einer Ost-West Achse. Am westlichen Ende ist die Insel ziemlich exakt halbrund geformt, während es an der Ostspitze eine Art kleines Kap gibt.

Rund um *Koh Ha Neua*, wie Insel Nr. 1 mit vollem Namen heißt,

Die Koh-Ha-Inselgruppe ist von Koh Lanta aus am West-Horizont zu erkennen.

Koh Ha 1 auf einen Blick

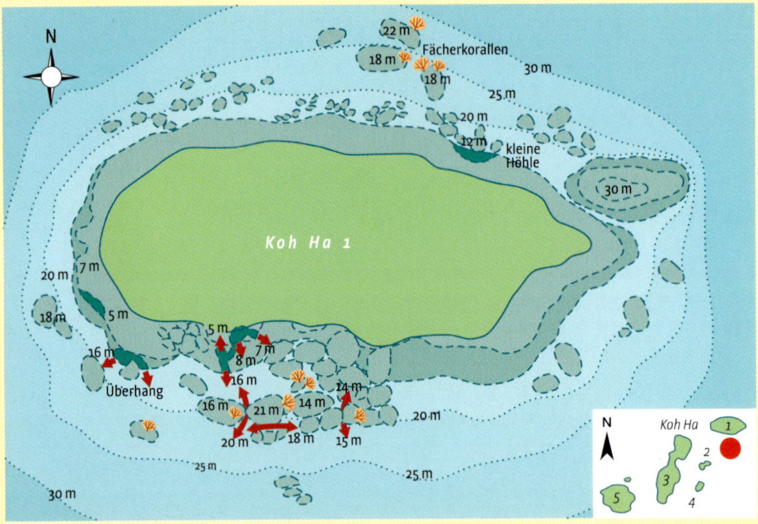

★ *etwa 25 km westlich von Koh Lanta und rund 85 km südöstlich von Phuket*

Ganztagestouren von Koh Lanta, Ao Nang und Phi Phi oder während Mehrtagesfahrten

5–30 m

10–30 m

leichte bis mäßige Strömung

Inselriff mit Steilwandcharakter und vielfältigem marinen Leben; Höhle »Chimney«

auch für Anfänger

fällt der Meeresboden fast überall gleich steil ab. An der Nordseite erreicht der Grund von der Wasserlinie nach relativ kurzer Distanz bereits eine Tiefe von 20 m, und wenig weiter zeigt der Tiefenmesser schon 25 m. Längs der Wand sind viele Weichkorallen gewachsen und verleihen dem Szenario entsprechend Farbe. Genau in der Mitte der Nordküste liegen im Tiefenbereich von 25 m drei größere Felsblöcke, die teils mit Korallen, darunter Gorgonen, bewachsen sind. Ihre höchsten Stellen sind bei 12 und 18 m. Die links und rechts davon verlaufende sandige Zone ist scheinbar eine beliebte Anlaufstelle für Leopardenhaie.

Wenn an der Nordseite Richtung Osten getaucht wird, also Riff »rechte Schulter«, erreicht man bei 12 m Tiefe eine Höhle. Im Meeresboden vor dieser Stelle hat sich eine Kolonie Sandaale eingelebt. Sobald sich Taucher ihnen nähern, ziehen sich die kaum fingerdicken Tiere in ihre Höhlen zurück. Wer Muße hat, liegen zu bleiben, kann abwarten, bis sie sich wieder wie Blumenstängel aus ihren Löchern winden. Dabei sollten aber der Luftverbrauch und die Nullzeit im Auge behalten werden.
Nördlich der Ostspitze liegt ein weiterer, allerdings wesentlich größerer Felsblock. Seine Spitze reicht hinauf bis auf 5 m Was-

Manche Fächergorgonen machen ihrem Namen alle Ehre.

Oben Schnapperarten verbinden sich mal zu kleinen Gruppen, mal zu großen Schwärmen.
Rechte Seite Leopardenhaie sieht man an Koh Ha häufig an der Nordseite **(oben)**.
Schildkröten halten sich gerne in Tiefen bis ungefähr 20 m auf **(unten)**.

Sicherheitshinweis

Beim Durchtauchen von Tunnels ist hier eine perfekte Tarierung unabdingbar.

sertiefe, an der Außenseite hingegen verschwindet er bei 25 m im Boden. Taucher haben immer wieder von Geisterpfeifenfischen an der Außenseite erzählt. Viele solcher Tierfamilien bleiben einer Stelle lange Zeit treu.

Von der Ostspitze bis fast zur Mitte der Südseite der Insel hat sich von der Flachwasserzone bis in rund 15, teilweise fast 20 m ein weites Feld aus Hartkorallen gebildet. Den Abschlusskranz in den unteren Tiefenbereich bilden meist Geweihkorallen.

Genau in der Mitte der Südseite liegen einige Felsen bei 20 m, wo es einige Tunnels zum Durchtauchen gibt. Die Felsen sind teils lebhaft bunt bewachsen. Im Südwesten von Koh Ha liegt außerdem eine Überhang/Tunnel-Kombination.

Die gesamte Koh-Ha-Inselgruppe besteht aus Karstgestein und ist von Löchern, Spalten und Höhlen durchzogen. Zwar hat Nr. 5 gleich ein paar davon zu bieten, die aber vielleicht spektakulärste Unterwasserhöhle befindet sich an der Südseite. Der sogenannte Chimney ist ein steil nach oben aufsteigender Schacht mit Eingang in 16 und einem Ausgang bei 6 m.

Koh-Ha-Lagune (Inseln 2 und 4)

Zwischen und neben den Inseln Koh Ha Nr. 2, 3 und 4 sind mehrere rote Mooring-Bojen zu sehen. Die Inseln liegen jeweils etwa 100 m voneinander entfernt, und die Bojen im Zentrum des Inseldreiecks kennzeichnen ein wenn auch nicht spektakuläres, aber dennoch sehr schönes Tauchrevier. Steilwände wird man hier zwar nicht finden, dafür aber eine ungeheure Vielfalt an Kleinlebewesen. Daneben gibt es solch größere Meeresbewohner wie Langusten, Muränen oder Oktopusse, die sich tagsüber mit Vorliebe in kleinen Spalten und Höhlen verstecken. Solche Unterschlupfmöglichkeiten finden die Tiere besonders reichlich im weichen Karstgestein der Felseninseln Nr. 2 und Nr. 4.

Östlich von ihnen liegen die tieferen Teile des Tauchreviers. Taucht man zwischen den Felsentürmen dorthin, passiert man zwischen 10 und 20 m Tiefe ein kleines Weichkorallenfeld auf dem Sandgrund. Danach sollte eine der beiden Außenseiten der Inseln angepeilt werden. An der südlichen, Insel Nr. 4, liegen bis zu einer Tiefe von rund 25 m etwa ein halbes Dutzend großer Felsblöcke und mehrere kleinere Felsbrocken. Schnapperschwärme

Das als Lagune bezeichnete Tauchrevier befindet sich zwischen den dicht beieinander liegenden Inseln Nr. 2, 3 und 4.

Ko-Ha-Lagune auf einen Blick

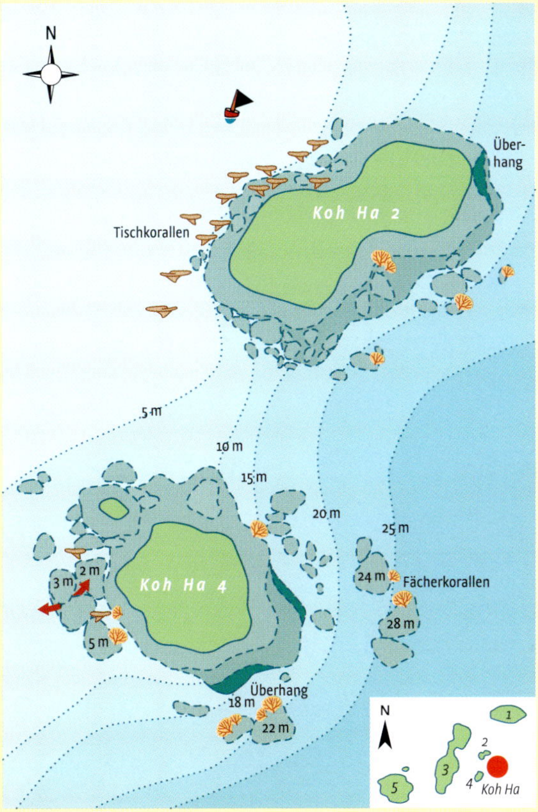

etwa 25 km westlich von Koh Lanta und 85 km südöstlich von Phuket

Ganztagestouren von Koh Lanta, Ao Nang und Phi Phi oder während Mehrtagesfahrten

5–25 m

10–30 m

meist nur mäßige Strömung

exzellentes Makro-Revier mit u. a. Geisterpfeifenfischen, Harlekingarnelen und Nacktschnecken, oft gute Sichtweiten

auch für Anfänger

sieht man dort fast immer. Am südlichsten Punkt von Nr. 4 gibt es einen schönen Überhang auf circa 18 m Tiefe. Etwas weiter, am Westausläufer der Insel, hat sich in geringer Tiefe ein Tunnel gebildet, durch den man tauchen kann.

An der Nordwestseite von Nr. 2 haben sich in dieser Tiefe viele kleine Korallenblöcke gebildet. Dort findet man oft größere Muränen. Attraktiver ist jedoch die Südostseite von Koh Ha Nr. 2. Hier halten sich auch Fischschwärme auf, zum Beispiel die kleinen, leuchtend orangen Fahnenbarsche. Wie auch sein Pendant im Süden, ist der nördliche Felsenturm vornehmlich an der Ostseite bunt mit verschiedenen Korallenarten und Schwämmen bewachsen. Weich- und Fächerkorallen erreichen zwar keine rekordverdächtigen Ausmaße, bringen aber viel Farbe ins Riff.

Die Lagune selbst liegt westlich respektive nordwestlich der Inseln Nr. 2 und Nr. 4. Hier herrscht meistens eine nur schwache Strömung, die in der Regel einen Nord-Süd- oder Süd-Nord Verlauf hat. Wenn sie doch einmal zu stark ist, bieten die Inseln Nr. 2 und Nr. 4 immer eine geschützte Seite zum problemlosen Tauchen. Je weiter in Richtung der Insel Nr. 3 getaucht wird, desto flacher wird das Tauchrevier. Beträgt die Wassertiefe zwischen den Felsentürmen Nr. 2 und Nr. 4 noch rund 10 m, wird der Tiefenmesser westlich davon alsbald nicht mehr als 5 m anzeigen.

Rechts An der Westseite von Insel Nr. 2 liegen viele Steinkorallenblöcke.
Rechte Seite Die Wassertiefe in der Lagune beträgt weniger als 10 m **(oben)**. »Kunst am Riff«: Die pittoreske Felsenauster hat sich in einer kleinen Felsspalte eingenistet **(unten)**.

Hin Muang

Während das Nachbarriff *Hin Daeng* ein wenig aus dem Wasser ragt, ist von Hin Muang von oben nicht viel zu sehen. Unter Wasser jedoch versteckt sich hier ein Riff mit einer rundum spektakulären Steilwand. Ihr wird nachgesagt, sie sei die tiefste im Königreich Thailand. Das Riff hat den ungefähren Umriss eines Baguettes und liegt auf einer Ost-West Achse. Es ist etwa 200 m lang und im Durchschnitt 20 m breit.

Hin Muang bietet wahrscheinlich die tiefste Steilwand Thailands.

Hin Muang auf einen Blick

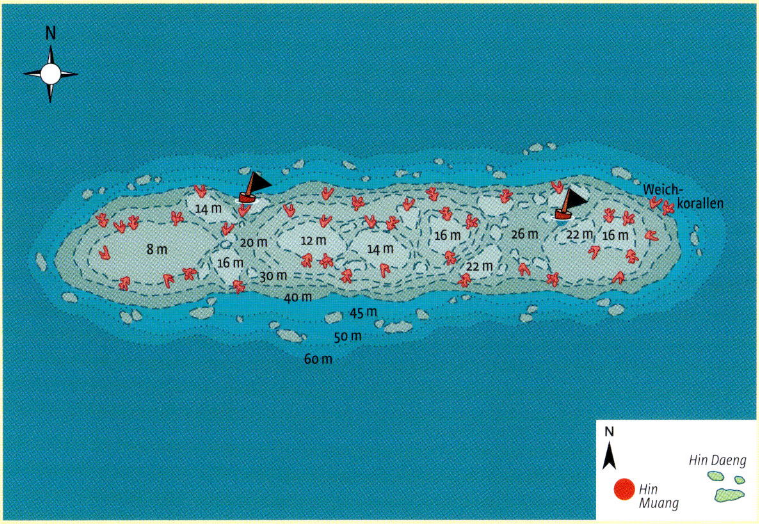

★ *circa 50 km südlich von Koh Lanta, rund 100 km südöstlich von Phuket und 90 km Richtung Südsüdost von Phi Phi Island*

Ganztagestouren von Koh Lanta und Phi Phi oder während Mehrtagesfahrten

10–60 m

10–30 m

mäßige bis starke Strömung

sehr tiefe Steilwand, starker Korallenwuchs, Walhai- und Mantarevier

für Taucher mit etwas Erfahrung

Neben den bekannten großen Arten gibt es auch bei den Barrakudas kleinere Vertreter wie die Art *obtusata*.

Info

Die exponierte Lage im Meer macht das Riff zu einer bevorzugten Anlaufstation für viele Hochseebewohner. Zusammen mit Hin Daeng zählt es zu den besten Plätzen des Südens für Walhai- und Mantabegegnungen. Ab und zu kommen sogar Graue Riffhaie hierher. Daneben gelten Leopardenhaie beinahe schon als Standardbewohner eines solchen Riffs.

Dem Riff liegen auf der Längsachse fünf Kuppen auf. Zwei davon befinden sich an den Enden, drei ragen wie ein hügeliger Bergkamm ziemlich mittig auf. Die westliche Kuppe hat ihren höchsten Punkt bei 8 m und eignet sich gut zum Austauchen. Hier gibt es viele Seeanemonen. In der Nähe ist auch auf rund 15 m eine der beiden Mooring-Bojen verankert. Von der nächsten Kuppe im Osten trennt sie ein 20 m tiefer Kanal. Die mittleren Unterwasserhügel erreichen Minimaltiefen von 12, 14 und 16 m. Hinter der letzten liegt wieder ein Kanal, der sie von der Kuppe im Osten trennt. Diese östlichste Erhebung ragt bis auf rund 16 m auf. Hier befindet sich die zweite Mooring-Boje von Hin Muang.

Die rundherum steilen Wände des Riffs sind über und über

Oben Sogar Graue Riffhaie lassen sich gelegentlich an Hin Muang blicken.
Unten Zackenbarsche entdeckt man oft in den oberen Zonen des Riffs.

Sicherheitshinweis

An Hin Muang müssen keine Tieftauchgänge durchgeführt werden, um unter Wasser Besonderes zu erleben. Wer dennoch die Steilwand in tieferen Zonen besuchen möchte, sollte erfahrener Taucher sein. Eine Steilwand wie die von Hin Muang verlangt die perfekte Beherrschung der Tarierung. Ein unkontrolliertes Durchsacken kann hier fatale Folgen haben.

Wie Barrakudas bilden auch Makrelen große Kreisel.

mit Weichkorallen, Gorgonenfächern und Schwarzen Korallen bewachsen.

Neben dem Korallenwuchs ist die vielfältige Fauna an Hin Muang bemerkenswert. Außer den Bewohnern des Freiwassers wie Barrakudas, Großaugen- und anderen Makrelenarten, verschiedenen Haien oder großen Rochen leben hier natürlich auch Zackenbarsche, Muränen und Korallenfische. Im Makrobereich ist (fast) alles zu finden, was das Meer in Thailand für Taucher zu bieten hat, angefangen von den Harlekingarnelen über Geisterpfeifenfische bis hin zu vielen verschiedenen Nacktschnecken.

Hin Daeng

Hin Daeng – der thailändische Name bedeutet »roter Fels« – zählt ebenfalls ohne Zweifel zu den besten Tauchrevieren im gesamten südostasiatischen Raum. Oft wird das Riff, das wie eine Art Unterwasserberg mit drei Erhebungen wirkt, mit dem *Richelieu Rock* nördlich der Similan-Inseln verglichen. Das liegt aus zwei Gründen nahe: Beides sind zwar keine Inseln, aber dennoch ragen die drei Spitzen von Hin Daeng ähnlich wie die des Richelieu Rock aus dem Wasser. Außerdem gehören diese Tauchplätze unumstritten zu denjenigen in Thailand, an denen die besten Aussichten für Walhaibegegnungen und die Beobachtung von Mantas bestehen.

Mit einer Distanz von ungefähr 100 km von der Insel Phuket und knapp 90 km von Koh Phi Phi, laufen dortige Basen den Platz nur im Rahmen von Mehrtagesfahrten an. Von Koh Lanta hingegen erreichen normale Tauchschiffe – also keine Schnellboote – das Revier in rund drei Stunden.

Ob der thailändische Name »roter Felsen«, den ihm vermutlich Fischer gegeben haben dürften, von den rötlichen Weichkorallen herrührt, die dort wachsen, sei dahingestellt. Fakt ist, dass

Lediglich drei Spitzen schauen aus dem Wasser; unter der Oberfläche ist Hin Daeng eine stattliche Felsformation.

Hin Daeng auf einen Blick

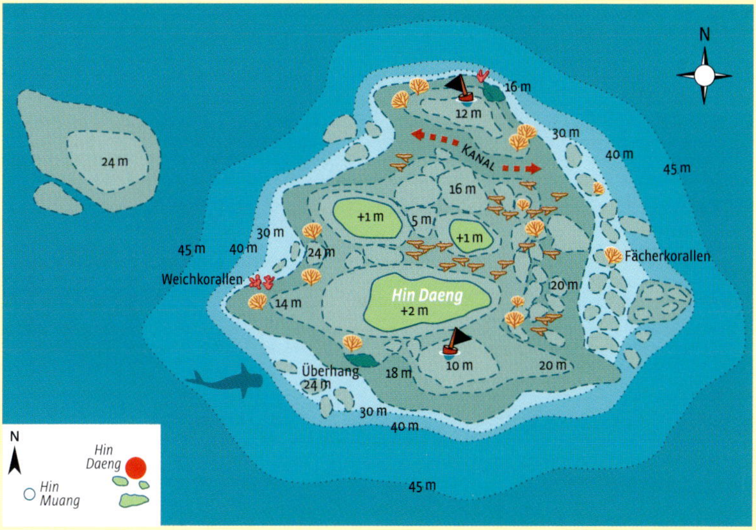

ungefähr 50 km südlich von Koh Lanta, rund 100 km südöstlich von Phuket und etwa 90 km Richtung Süd-Südost von Phi Phi Island

Ganztagestouren von Koh Lanta und Pih Pih oder während Mehrtagesfahrten

5–45 m

5–30 m

mäßige bis starke Strömung

Steilwandtauchen, starker Korallenwuchs, Walhai- und Mantarevier

für Taucher mit etwas Erfahrung

das Felsmassiv tatsächlich von verschiedenen Korallenarten bedeckt – an einigen Stellen gar regelrecht überwuchert – ist. Der Reichtum an niederen Tieren geht einher mit einer ausgeprägten Fauna, sowohl an revierbildenden Riffbewohnern als auch an Fischen des Freiwassers.

Die wohl beeindruckendste Partie des Tauchplatzes ist eine Steilwand, die entlang der Südseite der Hin-Daeng-Formation verläuft. Die Wand endet auf ungefähr 30 m, dann fällt der sandige Meeresgrund auf 40 m und mehr ab. Auf halber Strecke der Steilwand ist in einer Tiefe von rund 16 m ein kleiner Überhang.

Kaum eine Stelle an Hin Daeng ist nicht bewachsen.

Etwa 100 m vor dem westlichen Abschnitt von Hin Daeng liegt ein großer Felsen. Er sollte nicht mit Hin Muang verwechselt werden. Das Nachbarriff liegt etwa 300 m östlich von Hin Daeng. Der Grund um den einzelnen großen Felsblock bei Hin Daeng ist circa 50 m tief. Mit seiner annähernd ovalen Form reicht die höchste Stelle hinauf bis auf ungefähr 25 m. Gegen einen Abstecher dorthin im Rahmen eines Tauchgangs am Hauptfelsen sprechen nicht nur Tiefe und Entfernung. Das große Felsmassiv von Hin Daeng ist dermaßen von Korallen überzogen und von Fischen und anderen Tieren bevölkert, dass der Weg zum Felsen einfach nicht lohnt. Es

Schwärme wie diese Schnapper ziehen ihre Bahn dicht am Riff.

Links Hin Daeng gilt als guter Platz für Mantasichtungen.
Folgende Doppelseite Der Juwelenzackenbarsch ist ein lebendiger Farbklecks im Riff.

gibt dort nichts, was man nicht auch an Hin Daeng selbst entdecken könnte.
Eine der schönsten Stellen Hin Daengs ist die Steilwand im Süden. Im Norden des Unterwasserbergs verläuft eine Schlucht in Ost-West-Richtung in ungefähr 23 m Tiefe. In der unmittelbaren Nähe dieser beiden Plätze liegen die beiden Mooring-Bojen von Hin Daeng. Am großen Block findet man mit etwas Glück an verschiedenen Stellen Geisterpfeifenfische oder Harlekingarnelen. Barrakudas, Füsiliere und Gruppen von Fledermausfischen patrouillieren in der Nähe oder über den Felsen. Bekannt ist Hin Daeng auch für große Makrelenschwärme, die sich hier aufhalten. Unterschiedliche Arten von Schnappern kommen ebenfalls vor.
Auf dem Sandgrund rund um die Felswände liegen recht häufig Leopardenhaie. Zur Paarungszeit in den Monaten April und Mai schwimmen oft ein Männchen und ein Weibchen hintereinander durch das Riff und leiten auf diese Weise die Paarung ein. Die harmlosen Leopardenhaie lassen sich meist durch nichts ablenken und schwimmen dabei sogar nahe an Tauchern vorbei.
Hin Daeng gilt als Tauchplatz mit dem steilsten Drop-off Thailands. Wer die Zeit hat, das Tauchrevier zu besuchen, sollte die Gelegenheit wahrnehmen, dorthin zu fahren. Während man leicht per Tagestour von Koh Lanta – die Fahrtzeit je Strecke beträgt rund drei Stunden – hierher kommt, bieten auch einige Tauchbasen auf Phuket Touren nach Hin Daeng an, dann allerdings über die Dauer von zwei Tagen oder per einwöchiger Tauchsafari.

Exotischer Zauber an Land

Abseits des Tauchens

Viele Taucher wählen ihren Urlaubsort ausschließlich nach der Attraktivität der Tauchreviere. Andere setzen die Prioritäten genau entgegengesetzt: Die Umgebung macht's, und wenn man dann auch noch tauchen kann – umso schöner. Deshalb soll hier nach der Übersicht über die Tauchgebiete ein Blick auf die Urlaubszentren geworfen werden. Denn im modernen Thailand haben sich auch die Ferienorte unterschiedlich entwickelt.

Khao Lak

Der Küstenort nördlich der Insel Phuket ist je nach Verkehr etwa eine Autostunde vom Flughafen Phuket entfernt. Er eignet sich besonders für Urlauber, die Wert auf einen schönen Strand legen. Davon gibt es hier mehr als genug: Khao Lak und seine Nachbarorte haben 15 km feinsten Sandstrand.
Die Hotellerie ist angenehm überschaubar geblieben. Mehrheitlich findet man kleinere und mittelgroße Resorts, anonyme Hotelburgen gibt es nicht. Einige noble – und je nach Zimmerwahl auch etwas teure Häuser kann man dagegen entdecken. Wie das *Le Meridien* nördlich von Khao Lak sind sie meist sehr hübsch angelegt. Wer Nachtleben sucht, wird in und um Khao Lak allerdings nicht fündig.

Phuket

An der Westküste blüht der Tourismus in seiner lebhaftesten Form. In *Patong Beach* findet man jede Menge Bars, Restaurants und Diskos. Es ist das richtige Pflaster für Urlauber, die auch mal gerne die Nacht zum Tag machen. Etwas ruhigere Hotelanlagen als in Patong liegen in *Kata* und *Karon*. Alle drei Orte haben je einen Strand, der ist aber naturgemäß besser besucht als in etwa Khao Lak. Taucher, die dennoch gerne auf Phuket bleiben möchten, aber lieber individuell und trotzdem in einem Resort wohnen möchten, sei der Kontakt zu den Tauchbasen in unserem Tauchbasentipp (Seite 29) empfohlen. Dort wird man immer einen Rat zu aktuellen Unterkunftsmöglichkeiten bekommen.

Ao Nang

Der Ferienort bei Krabi ist eine Mischung aus Khao Lak und Phuket. Die Strandpromenade ist tagsüber sehr belebt, auch wenn der

Patong Beach ist bekannt für die vielen Sonnenschirme.

Strand dort kein Badestrand ist. Die Badestrände liegen seitlich vom Zentrum. Dafür gibt es hier eine Souvenirmeile, garniert mit vielen Restaurants, Supermärkten und einigen Bars. Auch das Abendvergnügen präsentiert sich hier abwechslungsreicher als in Khao Lak, reicht aber an Patong nicht heran.
Alles in allem gibt sich Ao Nang unkonventioneller, aber nicht zuletzt die ausgebufften Verkaufsprofis der Andenkenläden beweisen gleich mehrsprachig, dass der ganz normale Tourismus hier längst angekommen ist.

Koh Lanta

Das ist der Flecken für Taucher, die außerhalb des Wassers ihre Ruhe haben wollen – weitgehend wenigstens, denn natürlich gibt es auch auf Koh Lanta die ein oder andere Strandbar, an der kein Drink ohne entsprechende Musik serviert wird. Aber das sind auch schon fast die höchsten Auswüchse in Richtung Touristenrummel. Saladan ist eine Stadt, in der spätestens bei einbrechender Dun-

Strandidylle findet sich abseits der Zentren vielerorts.

kelheit die meisten Bürgersteige hochgeklappt werden. Diskos muss man eher suchen, als dass man hineinstolpert wie in anderen Ferienorten.

Sex, FKK und oben ohne

Auch wenn viele Europäer glauben, Thailand sei ziemlich locker im Umgang mit Sex und Erotik – dem ist nicht so. Das gilt, wie in vielen anderen Urlaubsländern auch, bestenfalls in den einschlägigen Etablissements.

Das streifenlose Sonnen und Baden ist in Thailand sogar ausdrücklich verboten. Oben ohne ist ebenfalls offiziell nicht erlaubt. Es wird aber mittlerweile zumindest in vielen Touristenzentren, wie an den großen Stränden auf Phuket oder Khao Lak und in den Resorts, meist geduldet. Auseinandersetzungen deswegen sollte frau im eigenen Interesse auf jeden Fall vermeiden oder sich für das halbwegs streifenfreie Sonnenbaden ein etwas abgelegenes Fleckchen aussuchen.

Ausflüge

Thailand ist ein Reiseziel, das neben den Schönheiten seiner Unterwasserwelt auch an Land viel Interessantes zu bieten hat. In jeder Region, die für Taucher als Urlaubsregion infrage kommt, gibt es eine Reihe lohnender Ausflugsziele, seien es vorgelagerte Inseln, Naturparks oder märchenhafte Tempel.

Khao Lak

Das Küstendorf mit dem endlos langen Sandstrand zu Füßen des Berghügels, der ihm den Namen gegeben hat. Der Regenwald oberhalb von Khao Lak ist ein Naturpark, den man zu Fuß erwandern kann. Weniger anstrengend ist ein Elefantentrekking, wie es von Peter Stiller und seinem *Holiday Service Khao Lak* (Tel. +66/76/595 324, Mobiltelef. 01/89/28 221) organisiert wird. Je nach Tour führt der Ritt auf dem Rücken eines Elefanten eine oder mehrere Stunden durch den tropischen Regenwald. Stiller vermittelt noch weitere Unternehmungen, so etwa Bambusrafting auf einem kleinen Fluss. Ein einheimischer Guide steuert das

Der berühmte Sandstrand von Khao Lak

Eine Elefantentrekkingtour durch den Regenwald gehört zu den Attraktionen eines Thailand-Urlaubs.

Floß. In der nur von den Geräuschen des Waldes durchbrochenen Stille bekommt man mit etwas Glück sogar Baumschlangen in den Ästen am Ufer zu sehen.

Eine Tagestour ist der Ausflug zum Khao Sok-Nationalpark mit seinem Stausee nördlich von Khao Lak. Wer mag, kann eine Nacht oder länger auf dem Wasser verbringen – ein schwimmendes Dorf macht es möglich. Das außergewöhnliche Resort liegt am Ufer, sodass praktisch jederzeit Wanderungen mit einem einheimischen Führer möglich sind.

Sicherheitshinweis

Wer sich mit dem Gedanken trägt, ein Zweirad zu mieten: Das Tragen eines Helms ist in Thailand dringend angeraten!

Nach Zeit und Entfernung zwischen den beiden genannten Ausflugszielen liegt die Insel *Koh Kho Khao*. Für ein paar Baht kann man mit der Fähre übersetzen. Mietwagen oder Mopeds können in Khao Lak organisiert werden. Auf der Insel sollte man sich in der Snackbar des *Amandara Island Resort* eine ausgiebige Pause gönnen. Die Anlage liegt an einem langen, einsamen Sandstrand – ideal zum Relaxen.

Phuket

Viele Urlauber schätzen das Nachtleben von *Patong*. Aber auch tagsüber ist der Besuch zum Beispiel des Strands von *Kata* mit der goldenen Schlangenskulptur interessant – um danach in die Ruhe seines eigenen Urlaubsdomizils zurückzukehren.
Ein beliebtes und kulturell bedeutendes Ausflugsziel in der Nähe von Chalong ist der *Wat Chalong* (Wat bedeutet Tempel). Er ist der größte auf der Insel Phuket und wirklich beeindruckend. Sobald die Mönche der Insel genug Spenden gesammelt haben, soll auch die riesige Buddhastatue auf dem Berg in der Inselmitte fertiggestellt werden. Diese wird dann zu den größten in ganz Thailand gehören.

Phuket ist das traditionelle Touristenzentrum Thailands.

Zwar wird oft behauptet, dass es auf Phuket keine einsamen Strände mehr gibt, aber das stimmt nicht. Es wird halt nur nicht so laut darüber gesprochen. Die Basisleiter der Tauchschulen kennen sich erfahrungsgemäß am besten aus – und geben auch entsprechende Tipps. Natürlich wird auch auf Phuket Elefantentrekking angeboten.

Ao Nang

Einige der unbewohnten kleinen Inseln vor dem Ferienort Ao Nang, die auch den dort ansässigen Basen als lokale Tauchreviere dienen, können als Tagesausflugsziel besucht werden. Dabei darf die Schnorchelausrüstung ebenso wenig fehlen wie die Sonnenschutzcreme.

Im Hinterland gibt es den weitläufigen *Khao Phanom Bencha*-Naturschutzpark mit seinen Wasserfällen. Nicht weit davon entfernt befindet sich die *Tiger Cave*. Rund tausend Stufen führen hinauf zum Gipfel oberhalb der Höhle. Der Aufstieg zur großen Buddhastatue führt vorbei an wilden Affen, dauert gut eine Dreiviertelstunde und wird mit einem fantastischen Ausblick belohnt.

Die Mühe des Aufstiegs zur Buddhastatue über der *Tiger Cave* wird mit einem fantastischen Ausblick belohnt.

Info

Vor den Zeiten des Tourismus gehörten in den ländlichen Gebieten die Besitzer der Kautschuk-plantagen zu den reichsten Leuten. Wenn eine Familie Land in der Küstenregion besaß, erbten den Traditionen folgend die Söhne die Grundstücke im Hinterland mit den Plantagen und die Töchter die weniger begehrten, weil weniger fruchtbaren Areale mit den Stränden. Mit den Kautschuk-Plantagen wird immer noch Geld verdient – aber die Töchter von einst sind heute meist wohlhabender als ihre Brüder.

Koh Lanta

Der Naturschutzpark Koh Lantas befindet sich ganz im Süden der Insel. Am Ufer steht auf einer Felsklippe neben dem Strand das Wahrzeichen der Insel: Der Leuchtturm ist ein beliebtes Fotomotiv.

Während sich Saladan im Norden als Ferienort Bedeutung verschafft hat, liegt die Hauptstadt von Koh Lanta in der Mitte der Insel. Die kleinen Läden in der schmalen Hauptstraße sind ebenso wie der Markt einen kleinen Abstecher wert. Ganz in der Nähe liegt der alte Inseltempel.

Der Leuchtturm, das Wahrzeichen von Koh Lanta

Das muslimische Fischerdorf Koh Panyi

Wer die Insel über ihre Bedeutung für das Tauchen hinaus kennenlernen möchte, sollte mindestens einen ganzen Tag dafür einplanen.

Phang Nga Bay

Ein Engländer war es, der die Bucht mit den unzähligen, gigantischen Felseninseln berühmt gemacht hat: James Bond. Für den Film »Der Mann mit dem Goldenen Colt« wurden 1974 auf der Insel *Koh Ping Kan* Szenen mit Roger Moore als 007 und Christopher Lee als Bösewicht Scaramanga gedreht. Vom Festland erreicht man die kleine Insel mit dem charakteristischen Felsen in rund 45 Minuten. Nicht weit davon entfernt liegt *Koh Panyi*, überragt von dem kleinen Minarett der Moschee der muslimischen Fischer. Das Dorf steht zum Teil auf Stelzen, und die Boote können direkt vor einem der zahlreichen Restaurants anlegen.
An einigen Stellen wird die Phang Nga Bay an ihren Festlandufern von Mangroven gesäumt und bietet einer artenreichen Tierwelt einen unberührten Lebensraum.
Recht lebhaft geht es dagegen in vielen Höhlen der Felseninsel zu. Fledermäuse nächtigen dort stellenweise in Hundertschaften auf engstem Raum. Eine besonders reizvolle Art, die Inselwelt der Phang Nga Bay zu erleben, ist eine Kanutour. Zu diesem Zweck kommen große Schiffe mit Gästen und Kanus an Bord vom Festland herüber, und vor Ort geht es dann zwischen Felsen hindurch in versteckte Buchten oder durch eine der befahrbaren Fledermaushöhlen.

Gastro-Tipp

Die thailändische Küche ist weltberühmt. Preiswerte einheimische Gastronomie ist überall zu finden, sei es als einfaches Restaurant mit Hauptgerichten ab ungefähr 1 Euro – Softdrinks gibt es schon für 50 Cent, Bier ab 80 Cent – oder in Form einer rollenden Garküche. Im Gegensatz zu vielen anderen Ländern gelten sogar die mobilen einheimischen Garküchen in Thailand als gesundheitlich unbedenklich. Wer nicht allzu empfindlich ist, sollte unbedingt eines der leckeren Gerichte dieser ganz speziellen Form thailändischer »Fast-Food-Küche« probieren.

Geisterhäuschen

Von allen guten Geistern – und den bösen

So wie Buddha eine Institution in Thailand ist, gehören auch die kleinen Häuschen auf einem Sockel vor (fast) jedem Gebäude zum Alltag im Land.

Aber was hat es damit eigentlich genau auf sich? Für die Thais ist die ganze Welt erfüllt mit Geistern. Sie sind im Wald, auf Inseln und natürlich auch auf den Grundstücken, auf denen Menschen leben. Aber weil die Geister schon immer da waren, wollen sie sich auch nicht vertreiben lassen. Damit ein Geist nun nicht seinen Zorn gegen die neuen Bewohner richtet, bekommt er ein eigenes Haus – gut sichtbar vor der Eingangstür des großen Gebäudes.

Was aber machen Geisterhäuschen auf der Hügelkuppe gleich neben der Landstraße?

Nun – irgendwann braucht auch ein Geist ein neues Zuhause. Sei es, weil er unzufrieden scheint, Unglück gebracht hat oder weil das Geisterhäuschen unansehnlich wirkt.

Da man aber nie weiß, ob nicht doch noch irgendein Geist darin wohnt, wird das Häuschen nicht zerstört, sondern auf eine Hügelkuppe im Wald verfrachtet. Dort wohnen dann meist böse Geister. Und damit die nicht ins vorbeifahrende Auto springen, wird kräftig gehupt, damit sie fernbleiben. Das Hupen ist dort zwar explizit verboten – aber man kann ja nie wissen ...

Auch Geister wohnen standesgemäß: Wenn der Grundstücksbesitzer wohlhabend ist, zeigt sich das nicht zuletzt am Geisterhäuschen vor der Haustür.

Das mehrfache gemeinsame Gebet gehört zum Leben eines thailändischen Mönchs.

Buddha, Tempel, Räucherstäbchen

Mit Ausnahme des Königs wird niemand in Thailand so verehrt wie der Religionsstifter Siddharta. Im Gegensatz zu den chinesischen Darstellungen wird der thailändische Buddha schlank abgebildet. In jedem Dorf, und sei es noch so klein, gibt es einen Tempel – auf Thailändisch »Wat«. Den größten auf der Insel Phuket findet man in Chalong. Je wohlhabender das Kloster gestellt ist, desto prächtiger zeigt sich der Tempel in seinen Details. Gold wird dabei verschwenderisch verwendet – in der Moderne allerdings eher in Form von Goldfarbe auf anderem Material.
Die Mönche, die in einem Tempel leben, sind zum Teil Selbstversorger, zum anderen Teil werden sie von der Bevölkerung bereitwillig unterstützt, sie gehen aber auch und bitten um Spenden und Gaben. Das mehrmals tägliche Gebet gehört zum normalen Leben für jeden Buddhisten, erst recht natürlich für Mönche.
Der exotische Eindruck, den jeder Tempel ausstrahlt, wird durch den Duft der Räucherstäbchen, die in einer großen Tempelanlage wie Wat Chalong überall ihr Aroma verströmen, noch verstärkt.

Am gebräuchlichsten sind Weihrauchstäbchen, es gibt aber auch viele andere Duftnoten.
Interessant sind auch Tempel in ländlichen Gegenden oder alte Tempel wie jener der Inselhauptstadt von Koh Lanta. An vielen Stellen erkennt man, dass die Mauern alt sind – so alt wie der Wunsch, böse Geister, die ja überall versuchen, ihr Unwesen zu treiben, vom Tempel fernzuhalten. Anstelle eines Geisterhäuschens sorgen dafür die in die Mauer eingearbeiteten Tempelwächter seit uralten Zeiten mit strengem Blick.
Die weltberühmten Tempeltänzerinnen sieht man natürlich nicht allabendlich in den Tempeln, sondern eher bei einem Folklore-Abend im Hotel. Dass es sie aber gab und dass sie mit Buddhas Segen durchaus anders aufgetreten sind als heute, kann man im einen oder anderen Wat auf großen Wandgemälden entdecken.
Manche Tempel haben an bestimmten Tagen geschlossen. Man sollte sich vor einem Ausflug dazu informieren. Generell gilt: Wer Interesse an einem Tempelbesuch hat, sollte keine Bedenken haben. Der Buddhismus ist die weltoffenste und friedlichste Religion, die man sich denken kann – und für die europäische Seele mindestens so exotisch wie das Urlaubsland Thailand.

Die Tempeltänzerinnen zeigen sich auf den Wandbildern mancher Wats recht freizügig.

Umschlaggestaltung von eStudio Calamar
unter Verwendung von Fotos des Autors.

Unser gesamtes lieferbares Programm und viele weitere Informationen zu unseren Büchern, Spielen, Experimentierkästen, DVDs, Autoren und Aktivitäten finden Sie unter **www.kosmos.de**

Gedruckt auf chlorfrei gebleichtem Papier

ISBN 978-3-440-11044-7
Projektleitung: Monika Weymann
Karten: Wolfgang Lang
Lektorat und Satz: Verlagsservice Dr. Helmut Neuberger und Karl Schaumann GmbH, Heimstetten
Produktion: Eva Schmidt
Printed in Italy/Imprimé en Italie

TAKE CONTROL.
FUN IS IN YOUR HANDS.
mares
SEA LOVERS
Dragon AT
• Airtrim System für perfektes Tarieren
• Ein Design für Menschen, die sich Sicherheit, Komfort und Stil wünschen
• Hydrodynamische, strömungsgünstige Form
STAND FOR DIVING. JOIN THE SEA LOVERS.
mares®
www.mares.com